Você e a Astrologia

PEIXES

Bel-Adar

Você e a Astrologia

PEIXES

Para os nascidos de
20 de fevereiro a 20 de março

Divulgação

Editora
Pensamento
SÃO PAULO

Copyright edição brasileira © 1968 Editora Pensamento-Cultrix Ltda.
13ª edição 2012.

Todos os direitos reservados. Nenhuma parte desta obra pode ser reproduzida ou usada de qualquer forma ou por qualquer meio, eletrônico ou mecânico, inclusive fotocópias, gravações ou sistema de armazenamento em banco de dados, sem permissão por escrito, exceto nos casos de trechos curtos citados em resenhas críticas ou artigos de revistas.

A Editora Pensamento não se responsabiliza por eventuais mudanças ocorridas nos endereços convencionais ou eletrônicos citados neste livro.

Dados Internacionais de Catalogação na Publicação (CIP)
(Câmara Brasileira do Livro, SP, Brasil)

Bel-Adar
   Você e a astrologia : peixes : para os nascidos de 20 de fevereiro a 20 de março / Bel-Adar. – São Paulo : Pensamento, 2009.

   12ª reimpr. da 1ª ed. de 1968.
   ISBN 978-85-315-0719-9

   1. Astrologia 2. Horóscopos I. Título.

08-10998   CDD-133.5

Índices para catálogo sistemático:
1. Astrologia 133.5

Direitos reservados
EDITORA PENSAMENTO-CULTRIX LTDA.
Rua Dr. Mário Vicente, 368 — 04270-000 — São Paulo, SP
Fone: (11) 2066-9000 — Fax: (11) 2066-9008
E-mail: atendimento@editorapensamento.com.br
http://www.editorapensamento.com.br
Foi feito o depósito legal

ÍNDICE

Astrologia	7
O zodíaco	15
Peixes	19
Natureza cósmica de Peixes	23

O elemento água, 23. Manifestação da energia, 25. Polaridade, 26. Ritmo, 28. Fecundidade, 30. Figura simbólica, 31. Vênus em Peixes, 32. Lua em Peixes, 33. Mercúrio em Peixes, 33. Síntese, 34.

O pisciano 37

Como identificar um pisciano, 37. A sensibilidade, 38. A torre de marfim, 40. Os dois peixes, 41. A mulher de Peixes, 43. A passividade, 45. O mundo das sombras, 47. A fraternidade, 48. Síntese, 50.

O destino 51

Evolução material, 53. Família, 55. Amor, 56. Filhos, 57. Vida social, 58. Finanças, 60. Saúde, 62. Amigos, 65. Inimigos, 66. Viagens, 67. Profissões, 68. Síntese, 70.

A criança de Peixes 73

O TRIÂNGULO DE ÁGUA 77

AS NOVE FACES DE PEIXES 81
   Tipo Pisciano–Netuniano, 81. Tipo Pisciano–Lunar, 83. Tipo Pisciano–Marciano, 86.

PEIXES E O ZODÍACO.. 89
   Peixes–Áries, 91. Peixes–Touro, 94. Peixes–Gêmeos, 97. Peixes–Câncer, 101. Peixes–Leão, 104. Peixes–Virgem, 108. Peixes–Libra, 111. Peixes–Escorpião, 114. Peixes–Sagitário, 118. Peixes–Capricórnio, 121. Peixes–Aquário, 124. Peixes–Peixes, 127.

NETUNO, O REGENTE DE PEIXES...................................... 133
   Simbolismo das cores, 138. A magia das pedras e dos metais, 141. A mística das plantas e dos perfumes, 142.

NETUNO E OS SETE DIAS DA SEMANA............................... 145
   Segunda-Feira, 145. Terça-Feira, 146. Quarta-Feira, 147. Quinta-Feira, 148. Sexta-Feira, 149. Sábado, 150. Domingo, 151.

MITOLOGIA 153
   Peixes, 153. Netuno, 156.

ASTRONOMIA 161
   A constelação de Peixes, 161. Netuno, 162.

ALGUNS PISCIANOS FAMOSOS... 167

ASTROLOGIA

Mergulhando no passado, em busca das origens da Astrologia, descobre-se que ela já existia, na Mesopotâmia, trinta séculos antes da Era Cristã. No século VI a.C., atingiu a Índia e a China. A Grécia recebeu-a em seu período helênico e transmitiu-a aos romanos e aos árabes. Caldeus e egípcios a praticaram; estes últimos, excelentes astrônomos e astrólogos, descobriram que a duração do ano era de 365 dias e um quarto e o dividiram em doze meses, de trinta dias cada, com mais cinco dias excedentes.

Foram os geniais gregos que aperfeiçoaram a Ciência Astrológica e, dois séculos antes da nossa era, levantavam horóscopos genetlíacos exatamente como os levantamos hoje. Criaram o zodíaco intelectual, com doze signos de trinta dias, ou trinta graus cada, e aos cinco dias restantes deram o nome de epagômenos. Delimitaram a faixa zodiacal celeste, sendo que os primeiros passos para isso foram dados pelo grande filósofo Anaximandro e por Cleostratus. Outro filósofo, de nome Eudoxos, ocupou-se de um processo chamado *catasterismo*, identificando as estrelas com os deuses. Plutão associou o Sol a um deus composto, Apolo-Hélios, e criou um sistema de teologia astral. Hiparcus, um dos maiores gregos de todos os tempos, foi apologista fervoroso do poder dos astros, e epicuristas e estóicos, que compunham as duas mais poderosas frentes filosóficas que o homem jamais conheceu, dividiam suas opiniões; enquanto os epicuristas rejeitavam a Astrologia, os estóicos a defendiam ardentemente e cultivavam a teoria da *simpatia universal*, ligando o pequeno mundo do homem, o microcosmo, ao grande mundo da natureza, o macrocosmo.

Os antigos romanos relutaram em aceitar a ciência dos astros, pois tinham seus próprios deuses e processos divinatórios. Cícero repeliu-a mas Nigidius Figulus, o homem mais culto de sua época, defendeu-a com ardor. Com o Império ela triunfou e César Augusto foi um dos seus principais adeptos. Com o domínio do cristianismo perdeu sua característica de conhecimento sagrado, para manter-se apenas como arte divinal, pois os cristãos opunham a vontade do Criador ao determinismo das estrelas. Esqueceram-se, talvez, que foi o Criador quem fez essas mesmas estrelas e, segundo o Gênese, cap. 1, vers. 14, ao criá-las, disse:

"...e que sejam elas para sinais e para tempos determinados..."

Nos tempos de Carlos Magno, a Astrologia se espalhou por toda a Europa. Mais tarde, os invasores árabes reforçaram a cultura européia e a Ciência Astronômica e Astrológica ao divulgarem duas obras de Ptolomeu, o Almagesto e o Tetrabiblos. Na Idade Média ela se manteve poderosa e nem mesmo o advento da Reforma conseguiu prejudicá-la, sendo que dois brilhantes astrônomos dessa época, Ticho Brahe e Kepler, eram, também, eminentes astrólogos.

Hoje a Ciência Astrológica é mundialmente conhecida e, embora negada por uns, tem o respeito da maioria. Inúmeros tratados, onde competentes intelectuais estabelecem bases racionais e milhares de livros, revistas e almanaques populares são publicados anualmente e exemplares são permutados entre todos os países. Gradualmente ela vem sendo despida de suas características de adivinhação e superstição, para ser considerada em seu justo e elevado valor, pois é um ramo de conhecimento tão respeitável quanto a Psicologia, a Psicanálise, a Psiquiatria ou a Parapsicologia, que estudam e classificam os fenômenos sem testes de laboratório e sem instrumentos de física, empregando, apenas, a análise e a observação.

Os cientistas de nossa avançada era astrofísica e espacial já descobriram que, quando há protuberâncias no equador solar ou explodem bolhas gigantescas em nosso astro central, aqui, na Terra, em conseqüência dessas bolhas e explosões, seres humanos sofrem ataques apopléticos ou são vitimados por embolias; isto acontece porque a Terra é bombardeada por uma violenta tempestade de elétrons e ondas curtas, da natureza dos Raios Roentgen, que emanam das crateras deixadas por essas convulsões solares e que causam, nos homens, perturbações que podem ser medidas por aparelhos de física e que provocam os espasmos arteriais, aumentando a mortalidade. Usando-se um microscópio eletrônico, pode-se ver a trajetória vertiginosa dos elétrons, atravessando o tecido nervoso de um ser humano; pode-se, também, interromper essa trajetória usando campos magnéticos. Raios cósmicos, provindos de desconhecidos pontos do Universo, viajando à velocidade de 300 000 quilômetros por segundo e tendo um comprimento de onda de um trilionésimo de milímetro, caem como chuva ininterrupta sobre a Terra, varando nossa atmosfera e atravessando paredes de concreto e de aço com a mesma facilidade com que penetram em nossa caixa craniana e atingem nosso cérebro. Observações provaram que a Lua influencia as marés, o fluxo menstrual das mulheres, o nascimento das crianças e animais, a germinação das plantas e provoca reações em determinados tipos de doentes mentais.

É difícil, portanto, admitir esses fatos e, ao mesmo tempo, negar que os astros possam emitir vibrações e criar campos magnéticos que agem sobre as criaturas humanas; é, também, difícil negar que a Astrologia tem meios para proporcionar o conhecimento do temperamento, caráter e conseqüente comportamento do homem, justamente baseando-se nos fenômenos cósmicos e nos efeitos magnéticos dos planetas e estrelas. Um cético poderá observar que está pronto a considerar que é possível classificar, com acerto, as criaturas dentro de doze signos astrológicos mas que acha absurdo prever o destino por meio dos astros. Objetamos, então, que o destino de uma pessoa resulta de uma série de fatores, sendo que os mais importantes, depois do seu caráter e temperamento, são o seu comportamento e as suas atitudes mentais. Pode-se, por conseguinte, com conhecimentos profundos da Astrologia, prever muitos acontecimentos, com a mesma base científica que tem o psiquiatra, que pode adivinhar o que acontecerá a um doente que tem mania de suicídio, se o deixarem a sós, em um momento de depressão, com uma arma carregada.

Muitos charlatães têm a vaga noção de que Sagitário é um cavalinho com tronco de homem e Capricórnio é um signo que tem o desenho engraçado de uma cabra com rabinho de peixe. Utilizando esse "profundo" conhecimento, fazem predições em revistas e jornais, com razoável êxito financeiro. Outros "astrólogos", mais alfabetizados, decoram as induções básicas dos planetas e dos signos e depois, entusiasmados, fazem horóscopos e previsões de acontecimentos que não se realizam: desse modo, colocam a Astrologia em descrédito, da mesma forma que seria ridícula a Astronáutica se muitos ignorantes se metessem a construir espaçonaves em seus quintais. Devem todos, pois, fugir desses mistificadores como fugiriam de alguém que dissesse ser médico sem antes ter feito os estudos necessários. Os horóscopos só devem ser levantados por quem tem conhecimento e capacidade e só devem ser acatadas publicações endossadas por nomes respeitáveis ou por organizações de reconhecido valor, que se imponham por uma tradição de seriedade e rigor.

A Astrologia não é um negócio, é uma Ciência; Ciência capaz de indicar as nossas reais possibilidades e acusar as falhas que nos impedem de realizar nossos desejos e os objetivos da nossa personalidade; capaz de nos ajudar na educação e orientação das crianças de modo a que sejam aproveitadas, ao máximo, as positivas induções do signo presente no momento natal; que pode apontar quais os pontos fracos do nosso corpo, auxiliando-nos a preservar a saúde; essa ciência nos mostrará as afinidades e hostilidades existentes entre os doze tipos zodiacais de modo que possamos ter felicidade no lar, prosperidade nos negócios, alegria com os amigos e relações harmônicas com todos os nossos semelhantes. As estrelas, enfim, nos desvendarão seus mistérios e nos ensinarão a solucionar os transcendentes problemas do homem e do seu destino, dando-nos a chave de ouro que abrirá as portas para uma vida feliz e harmônica, onde conheceremos mais vitórias do que derrotas.

Bel-Adar

O ZODÍACO

O zodíaco é uma zona circular cuja eclíptica ocupa o centro. É o caminho que o Sol parece percorrer em um ano e nela estão colocadas as constelações chamadas zodiacais que correspondem, astrologicamente, aos doze signos. O ano solar (astronômico) e intelectual (astrológico) tem início em 21 de março, quando o Sol atinge, aparentemente, o zero grau de Áries, no equinócio vernal, que corresponde, em nossa latitude, à entrada do outono. Atualmente, em virtude da precessão dos equinócios, os signos não correspondem à posição das constelações, somente havendo perfeita concordância entre uns e outros a cada 25 800 anos, o que não altera, em nada, a influência cósmica dos grupos estelares em relação ao zodíaco astrológico.

Em Astrologia, o círculo zodiacal tem 360 graus e está dividido em doze Casas iguais, de 30 graus cada. Não há, historicamente, certeza de sua origem. Nos monumentos antigos da Índia e do Egito foram encontrados vários zodíacos, sendo os mais célebres o de

Denderah e os dos templos de Esné e Palmira. Provavelmente a Babilônia foi seu berço e tudo indica que as figuras que o compunham, primitivamente, foram elaboradas com os desenhos das estrelas que compõem as constelações, associados a certos traços que formam o substrato dos alfabetos assírio-babilônicos.

Cosmicamente, o zodíaco representa o homem arquetípico, contendo: o binário masculino-feminino, constituído pela polaridade *positivo-negativa* dos signos; o ternário rítmico da dinâmica universal, ou seja, os ritmos *cardinal, fixo e mutável*; o quaternário, que representa os dois aspectos da matéria, cinético e estático, que se traduzem por *calor e frio — umidade e secura*. Este quaternário é encontrado nas forças fundamentais — *radiante*, *expansiva*, *fluente* e *coesiva* — e em seus quatro estados de materialização elementar: *fogo, ar, água* e *terra*.

Na Cabala vemos que Kjokmah, o segundo dos três principais Sephirot, cujo nome divino é Jehovah, tem como símbolo a *linha*, e seu Chakra mundano, ou representação material, é Mazloth, o Zodíaco. Também a Cabala nos ensina que Kether, o primeiro e supremo Sephirahm cujo Chakra mundano é "Primeiro Movimento", tem, entre outros, o seguinte título, segundo o texto yetzirático: *Ponto Primordial*. Segundo a definição euclidiana, o ponto tem posição, mas não possui dimensão; estendendo-se, porém, ele produz a linha. Kether, portanto, é o Ponto Primordial, o princípio de todas as coisas, a fonte de energia não manifestada, que se estende e se materializa em Mazloth, o Zodíaco, cabalisticamente chamado de "O Grande Estimulador do Universo" e misticamente considerado como Adam Kadmon, o primeiro homem.

Pode-se, então, reconhecer a profunda e transcendente importância da Astrologia quando vemos no Zodíaco o Adam Kadmon, o homem arquetípico, que se alimenta espiritualmente através do cordão umbilical que o une ao logos e que está harmonicamente adaptado ao equilíbrio universal pelas leis de Polaridade e Ritmo expressas nos doze signos.

PEIXES

Peixes é a duodécima constelação zodiacal, corresponde ao décimo segundo signo astrológico e domina sobre os dias que vão de 20 de fevereiro a 20 de março. Sua palavra-chave é INSPIRAÇÃO e suas duas qualidades principais são o sentido humanitário e a impressionabilidade; todas elas, somadas, indicam que Peixes é o signo que liga o homem ao homem e que o faz existir tanto no mundo material, das sensações e emoções, como no mundo divino, das idéias. Nenhuma delas, porém, revela a verdadeira essência de Peixes, que possui as mais elevadas e espiritualizadas vibrações do zodíaco; seu selo mostra dois peixes, o símbolo de Cristo, sendo ele o signo que rege a humanidade atual e guarda em seus domínios o destino final da Era Adâmica. Ao encerrar o ciclo zodiacal ele é semelhante ao Sol que se põe ou ao homem que adormece. Por um instante tudo fica mergulhado nas trevas e na inconsciência, mas depois se inicia novo ciclo com a entrada de Áries que marca o renascimento de Adam Kadmon.

Segundo a Cabala Mística, o regente divino de Peixes é Barquiel e na Magia Teúrgica a ordem dos seres celestiais que lhe corresponde é a dos Confessores. Nos elevados mistérios da Ordem Rosa-Cruz vemos que as letras I.N.R.I., colocadas no madeiro onde Jesus foi crucificado, representam as iniciais dos quatro elementos, em língua hebraica: *Iam*, água — *Nour*, fogo — *Ruach*, espírito — *Iabeshab*, terra. A água, portanto, elemento a que pertence Peixes, está indicado pelo I, primeira letra da Cruz.

Como signo de água, nos quatro planos da Vida, ele corresponde ao plano Astral. Na Magia descobrimos que os seres invisíveis que o dominam são as Ondinas, criaturas superiores que habitam as águas correntes. Na oração mágica das Ondinas encontramos a água como parte de Deus e este elemento, manifestando-se em Peixes, dá ao homem a sublimação dos seus sentimentos e emoções, tornando-o capaz de obter a vida eterna por meio do sacrifício:

> "...rei do dilúvio e das chuvas da primavera, vós, que abris os mananciais dos rios e das fontes, vós que fazeis com que a umidade, que é como o sangue da terra, se transforme na seiva das plantas, nós vos adoramos e vos invocamos...

...Ó imensidade, na qual se vão perder todos os rios do ser, que renascem sempre em nós...

...Conduzi-nos à imortalidade pelo sacrifício, a fim de que cheguemos a ser dignos de vos oferecer um dia, a água, o sangue e as lágrimas, para a remissão dos erros. Amém."

NATUREZA CÓSMICA DE PEIXES

O elemento água

A água, elemento que existe em todas as coisas, móveis ou imóveis, que crescem e respiram, é de natureza passiva. Tem uma qualidade fluente e plástica, adaptando-se a todas as formas, seja o berço dos oceanos, seja o leito dos rios e lagos, seja a jarra de cristal. Apesar dessa passividade é um elemento de poderosa energia, e impondo barreiras e limites, ela pode explodir em fúria, destruir vidas e transformar paisagens.

A instabilidade psíquica e emocional é a primeira característica encontrada nos que nascem em signos dominados por esse elemento. A despeito disso, embora estes nativos sejam exteriormente instáveis, indecisos e inquietos, interiormente são teimosos e determinados, assemelhando-se ao mar, que esconde a calma dos seus profundos abismos sob a superfície agitada por ondas que jamais cessam seu movimento.

A água dá extrema sensibilidade e entre todos os nativos dos signos por ela dominados o pisciano é o mais sensível. Como o canceriano, os nativos de Peixes têm os sentidos físicos muito aguçados e os sentidos psíquicos correspondentes, visão, audição, etc., também muito despertos, podendo *ver*, *ouvir* e perceber coisas que estão ocorrendo em outros lugares. Também, da mesma forma que os escorpianos, possuem notáveis qualidades mediúnicas e desenvolvidas faculdades telepáticas e metagnômicas. A faculdade nervosa que os nativos de fogo e ar têm de receber impulsos elétricos de antipatia ou simpatia, emitidos por pessoas, ambientes ou objetos, os piscianos também têm, mas neles ela não é nervosa, é psíquica.

A água dá uma enganadora aparência de submissão e passividade e muitas criaturas que sabem, durante longo tempo, ouvir, concordar e obedecer, subitamente, porém, demonstram a mais resoluta coragem e a mais indomável rebeldia. Também faz com que seus protegidos sejam românticos, idealistas e sonhadores, dando-lhes uma mente extraordinariamente fértil, capaz de criar um fantástico e maravilhoso mundo interior. Apesar disso, muitos nativos da água são práticos, objetivos e dinâmicos, sabendo unir a mais fecunda imaginação à atividade e à capacidade de construir e realizar. Em alguns tipos superiores ela pode determinar as mais sublimes expressões de arte na música, na literatura, na pintura ou na dança. Foram geniais os nativos de Peixes: Michelangelo, Victor Hugo, Henrik Johan Ibsen, Longfellow e Nijinski, o maior bailarino do mundo.

Manifestação da energia

Peixes é um signo de vibração intensa e inquieta. Como casa cadente do zodíaco, dá aos seus nativos a função de complementar e aperfeiçoar os trabalhos dos demais signos. Naturalmente, como qualquer tipo astrológico, o pisciano possui, em graus variados, desde o mais alto ao mais modesto, o divino dom de criar, mas apenas alguns dos nativos de Peixes agem individualmente, enquanto a maioria colabora com seus semelhantes, complementando-os em todas as suas tarefas e realizações.

O pisciano tem uma capacidade afetiva das mais desenvolvidas e elevadas. Sente todas as coisas com intensidade e até os homens deste signo choram facilmente, não porque sejam menos masculinos do que seus companheiros de sexo, mas porque são emotivos, espontâneos e vibráteis, possuindo uma sensibilidade maior do que a comum. Para ele tudo é nobre, tudo é bom, tudo é sincero; quando sua confiança é retribuída com ingratidão ou injustiça ele se magoa profundamente, mas no dia seguinte, embora possa não esquecer o ofensor, já esqueceu a desilusão e continua acreditando na nobreza, na sinceridade e na bondade. Essas características fazem com que ele, freqüentemente, anule sua vida em benefício de outra pessoa ou em benefício de um ideal. A posição de Peixes como Casa cadente também faz com que o nativo deste signo viva mais em função dos outros do que de si mesmo, sempre desejando cooperar e dar algo de si. Não é incomum ver-se um pisciano de extraordinário valor encolher-se na sombra e ajudar outra criatura, de menor mérito, a atingir o melhor lugar ao sol. Também não é raro um desses nativos, voluntariamente, cortar todas as sensibilidades de seu próprio destino e permanecer amarrado a um cônjuge imprestável ou a um parente doente, apenas porque não tem coragem de abandonar ninguém, nem mesmo quando não reconhecem ou não lhe correspondem ao próprio valor e sacrifício.

Polaridade

Peixes é um signo de polaridade negativa, ou feminina, como, aliás, o são todos os signos de água e terra. Os termos positivo ou negativo, feminino ou masculino, ativo ou passivo, quando empregados em relação aos signos ou planetas, não indicam sexo ou exaltação, mas são, apenas, as classificações de duas espécies de energia; chama-se positivo ou masculino o planeta ou setor zodiacal que possui energia cinética e, portanto, impulsiona, sugestiona ou emite, enquanto negativo ou feminino é aquele que tem energia estática e que recebe, é sugestionado ou absorve. Quando usados em relação às criaturas, estes termos se referem à manifestação de sua vontade e à sua qualidade moral ou espiritual.

O signo de Peixes às vezes pode demonstrar acentuada passividade, mas outras vezes pode ser bastante positivo, em virtude de ser dominado por um planeta bissexuado, que é Netuno. Quando domina o pólo feminino de Netuno, os piscianos que recebem as vibrações cósmicas desse momento são mais submissos do que normalmente seria de se esperar. Em oposição, quando domina o pólo positivo do seu regente, eles são dominadores, dinâmicos, objetivos, voluntariosos e rebeldes.

Os signos passivos determinam aversão à brutalidade, à força e à violência, mas essa qualidade só se verifica nos nativos mais evoluídos porque o pisciano inferior, quando não é atônico, comodista e diz sim a tudo apenas para não ter o trabalho de pensar, pode ser extremamente rude e agressivo. Em Peixes, as qualidades de cooperação e complementação, dadas por sua posição de casa cadente, acrescidas por sua natureza passiva, que vem determinar maior receptividade e proporcionar extrema capacidade afetiva, desenvolvida mais no sentido de dar do que de receber, é que fazem com que quase todo pisciano escancare o coração, a bolsa e a porta de sua casa a todos os que dele se aproximam.

Ritmo

Ocupando, no zodíaco, a posição de casa cadente, Peixes tem um ritmo mutável. Todas as coisas têm uma situação no tempo, *passado*, *presente* e *futuro*, e uma posição no espaço, *direita*, *centro* e *esquerda*; o ritmo também possui três manifestações, sendo evolutivo no tempo, formativo no espaço e cinético no movimento. Suas duas forças básicas, movimento e inércia, ou impulso e estabilidade, criam uma terceira, que é a mutabilidade, que representa o equilíbrio entre ambas e, por seu movimento pendular, participa de suas qualidades.

Por sua constante rítmica, Peixes pode determinar grande instabilidade emocional, acional e volitiva em seus nativos. O pisciano pode passar da maior alegria para a mais profunda tristeza, com a maior facilidade; pode demonstrar a mais intensa atividade, a mais dinâmica ação, para subitamente mergulhar na inércia; pode seguir uma idéia ou fazer um trabalho com obstinada vontade e num repente perder todo o interesse e ficar borboleteando de um assunto para outro, sem saber o que fazer. Este é, basicamente, o maior defeito do nativo de Peixes. Se não for corrigido, seguramente tornará inúteis suas valiosas qualidades; jamais o pisciano será feliz e nunca chegará a realizar tudo o que as estrelas de constelação natal lhe prometem.

Nas criaturas de evolução superior estes estados contraditórios são facilmente dominados porque a firmeza é, justamente, uma das qualidades fundamentais do homem superior. Os tipos comuns sempre sentem maior dificuldade em superá-los, o que lhes traz grandes prejuízos, podendo conduzir às crises depressivas, às neuroses e à autodestruição. Nos tipos inferiores estes estados são muito pronunciados e geralmente tais criaturas vivem, mas não existem concretamente, e morrem sem realizar nada de útil.

O ritmo mutável, portanto, pode trazer certos prejuízos aos seus nativos, tirando-lhes, ainda, a faculdade de concentração, obrigando-os a abraçar inúmeros projetos ao mesmo tempo, sem levar nenhum a bom termo e fazendo com que gastem seu tempo e suas energias em fantasias e sonhos, desprezando as coisas reais. Em compensação, nas criaturas superiores, esse ritmo desenvolve extraordinariamente a inteligência, dá a faculdade de entender todos os assuntos e ensina a unir a prudência ao entusiasmo.

Peixes é um signo mudo. Até há pouco tempo se julgava que os peixes não tinham o poder de comunicar-se entre si; hoje já se gravam, em fitas magnéticas, as encantadoras conversas dos delfins, cujas vibrações o ouvido humano só pode captar utilizando aparelhos especiais, sendo que aperfeiçoados cérebros eletrônicos estão traduzindo essas conversas.

Em muitos piscianos a capacidade de expressão é muito reduzida, embora a tagarelice não o seja, pois este signo, Gêmeos, Câncer e Virgem costumam produzir as criaturas que mais falam no zodíaco. Em outros nativos de Peixes, mesmo quando oralmente sentem dificuldade de se expressar, a música, a dança, a poesia servem como meios para a transmissão de seus sentimentos e impressões. Há outros piscianos, porém, que parecem não sentir a ausência de voz dos peixes, sendo interessante notar que neste signo nasceu um dos maiores oradores do mundo, Honoré Gabriel Riqueti, Conde de Mirabeau.

Fecundidade

O elemento água é sempre fecundo, embora determinados aspectos planetários possam fazer com que certas criaturas, nascidas em signos de água, tenham reduzido número de filhos e até, em certos casos, nenhum. Peixes é um signo fértil, mas Netuno, seu regente, é bissexuado e quando, no momento natal domina seu pólo masculino, a fecundidade é menor do que quando domina seu pólo feminino.

A fertilidade de Peixes pode não se demonstrar apenas no grande número de filhos. Pode proporcionar uma grande família, com muitos tios e tias, primos e primas, além de afilhados e protegidos e ainda pode fazer com que o nativo se veja sempre envolvido com numerosas pessoas, ou tenha sua casa sempre cheia de amigos e conhecidos, que tanto vem para uma boa conversa, como para um desabafo ou então para garantir o almoço ou o jantar. Essa fertilidade pode, ainda, mostrar-se noutro setor, fazendo com que o pisciano tanto dê seu nome aos filhos que porventura tenha como também o deixe ligado a valiosas e numerosas realizações, como o fizeram seus irmãos de signo Rossini, Victor Marie Hugo, Schopenhauer e Georg Friedrich Handel.

Figura simbólica

Peixes tem dois peixes como símbolo, sendo considerado como um signo animal. Sua figura simbólica dupla indica que é também um signo bicorpóreo; isto é, pode fazer com que, em seus domínios, nasçam duas classes distintas de criaturas, ou então pode fazer com que alguns piscianos possuam dupla personalidade. Seu zootipo é o peixe, o cão e a coruja e muitos nativos deste signo têm olhos grandes, doces e expressivos, ou então saltados e de pouca mobilidade.

Sendo um setor zodiacal indicativo de beleza média, Peixes, em si, não dá notável formosura aos seus nativos. Contudo, como Vênus se exalta neste signo, todo pisciano que receber a influência venusiana pode ter uma aparência física das mais atraentes, além de ser dotado de forte magnetismo sexual.

Peixes não dá grande vitalidade aos que nascem sob suas estrelas. Isto não quer dizer que o pisciano seja fraco ou doente por destino; indica apenas que sua energia vital não é excessiva, devendo ser evitado todo esforço desnecessário e devendo ser adotado um regime alimentar muito sadio, acompanhado de muito sol e muito ar puro.

Vênus em Peixes

Vênus, planeta do amor e da cooperação, que é a oitava superior, ou seja, a irmã cósmica de Netuno, o regente de Peixes, encontra sua exaltação neste signo.

As irradiações venusianas aqui se mostram extraordinariamente intensificadas, pois Vênus se sente tão bem em Peixes quanto em Touro ou Libra, que são seus tronos zodiacais. Ela determina harmonia, afetividade e amabilidade, e os piscianos que lhe captam as elevadas vibrações são criaturas extremamente atraentes, bondosas e gentis e têm a sensibilidade sublimada e refinada pelos elevados raios desse benéfico planeta. Acontece, ainda, que assim como ela pode inclinar à arte, à beleza e à perfeição, pode, também, imprimir muita vaidade e futilidade nos tipos menos evoluídos.

Lua em Peixes

A Lua tem extrema afinidade com o signo de Peixes e nele seu mágico poder não encontra limitações. Dominando sobre a geração e a multiplicação da espécie, quando se encontra neste signo, no momento natal dos piscianos, ela pode dar grande número de filhos, pois é extremamente fecunda.

As vibrações lunares aumentam a sensibilidade, a intuição e a imaginação, que são características também presentes em Peixes. Sua presença, quando se manifesta com aspectos favoráveis, vem fazer com que os piscianos sejam ainda mais emotivos e sensitivos e tenham a imaginação fértil enriquecida pelo poder criador.

Mercúrio em Peixes

O hábil Mercúrio, que dá o poder de falar com brilhante facilidade, que protege os comerciantes, que proporciona a faculdade de raciocinar, analisar e deduzir, mas que também diminui a capacidade de amar encontra seu exílio em Peixes.

Isto faz com que os piscianos não sejam os melhores comerciantes do mundo, faz com que procurem mais a sua satisfação pessoal do que o lucro e também com que sintam certa inibição quando são obrigados a falar. Determina, também, que raramente exista cálculo ou malícia nas atitudes destes nativos, sendo todos eles sinceros e espontâneos, no ódio ou no amor.

Síntese

Aos trinta graus de Peixes, no dia 20 de fevereiro, termina o verão. Este signo, portanto, domina sobre os trinta dias finais dessa bela estação do ano e marca o período de transição entre ela e o outono, onde desabrocham as últimas flores, amadurecem os últimos frutos e a terra se prepara para dormir o sono do inverno. As frutas mais doces e as flores mais belas são as do fim do verão e isto parece se refletir em todo pisciano positivo, sendo ele capaz de realizar obras que sempre encerram algo de útil ou sublime.

Encerrando o círculo zodiacal, Peixes indica o fim das coisas e entre seu último segundo e o primeiro segundo de Áries, o signo do renascimento, existe uma infinitesimal fração de tempo que representa o nada, o silêncio absoluto, a treva mais completa. Por estranho contraste, este signo governa as negras sombras do Astral inferior, os inimigos e as traições, mas também determina todos os gestos de sacrifício, de fraternidade e de abnegação, assim como o amor material mais profundo e o amor universalista mais sublime; deve-se lembrar que, por motivo da precessão dos equinócios estamos na Idade de Peixes e que a entrada do Sol neste signo coincidiu com o nascimento da mais fraterna, mais abnegada e mais elevada das criaturas, Jesus.

O PISCIANO

Como identificar um pisciano

Pés pequenos
Prestativo
Compassivo
Símbolo: os peixes
Planeta regente: Netuno (antigo regente, Júpiter)
Casa natural: décima segunda, relativa a auto-renovação
Elemento: água
Qualidade: mutável
Regiões do corpo: pés, sistema linfático
Pedra preciosa: água marinha
Cores: verde mar, violeta
Flor: lírio aquático
Frase-chave: Eu acredito
Palavra-chave: compaixão
Traços da personalidade: sensitivo, impressionável, psíquico, irresponsável, visionário, sonhador, imaginativo, gentil, vago, amável, caridoso, irrealista

Países: Normandia, deserto do Saara

Coisas comuns regidas por Peixes: fotografia, oceano, aquário, drogas, álcool, prisão, prisma, hospital, instituição, poço, sonho, sono, caridade, fatores ocultos e inimigos, navio, platina, sapato

A sensibilidade

Vários tipos zodiacais são sensíveis, mas talvez o pisciano possua essa qualidade em grau mais desenvolvido do que as demais criaturas. Sua sensibilidade é mental, espiritual, física, psíquica e nervosa e faz com que ele se assemelhe a um aparelho receptor da mais extrema perfeição, capaz de apanhar todos os sinais emitidos por qualquer outro transmissor, não importando a distância que os separa.

O pisciano comum se comove com facilidade, tanto ao rever um velho amigo como ao apreciar uma bela paisagem, ouvir uma música, relembrar um momento agradável ou triste, ler um romance, assistir a um filme, presenciar uma cena de rua ou servir de confessor para as mágoas de alguém. Mesmo diante de uma situação material destituída de elementos capazes de emocionar alguém, ele se sensibiliza porque é capaz de criar imagens mentais muito vívidas e, ao mesmo tempo, retroceder no tempo ou no espaço ou se colocar no lugar de uma personagem. Assim, num ambiente alegre, apreciando uma tarde luminosa ou ouvindo uma história divertida, ele se alegra, mesmo que minutos antes tenha estado triste; também, num lugar de dor ou sombra, numa tarde de chuva, ou lendo um romance cheio de amargura ele se deprime, chora por quem não lhe pertence e sente dor por quem não conhece, mesmo que minutos antes tenha estado alegre e despreocupado.

Certos tipos deste signo sofrem bastante porque são agitados por um número infinito de sensações e emoções que não conseguem definir em palavras ou materializar em cores, sons ou formas. Possuindo essa sensibilidade e não tendo ambiente favorável para exteriorizá-la ou cultura suficiente para derramá-la em alguma realização concreta, ele passa toda a sua vida agitado por uma angústia vaga, por um indefinido e inquietante mal-estar íntimo, como se tivesse a incômoda sensação de ter sido encarregado de fazer algo importante e urgente e tivesse esquecido a tarefa de que fora incumbido. Para extravasar esse anseio indefinido é que ele, então, descarrega sua sensibilidade de outro modo, preocupando-se demasiadamente com os que o rodeiam, comovendo-se com tudo o que acontece e também com tudo o que acontece com os demais.

Nos tipos superiores de Peixes essa qualidade pode encontrar várias válvulas de escape, seja na arte, seja nos trabalhos intelectuais, na vida religiosa, na dedicação à família ou, então, no carinho para com todos os seus semelhantes, no trabalho social, no auxílio aos doentes e no amparo aos menos favorecidos.

A torre de marfim

O mar tem abismos desconhecidos, até hoje não devassados por ninguém. À medida que as águas vão se tornando mais profundas, um mundo desconhecido vai surgindo. Nele, a luz do Sol jamais penetra e estranhas formas o povoam, algumas belas, outras muito feias, algumas tendo a faculdade de subir e nadar nas águas que a luz solar torna cristalinamente verdes ou azuis, outras jamais emergindo do seu mundo de sombras. Todo pisciano tem o seu mundo interior, que não revela ou expõe a ninguém. Nesse fantástico universo de imagens somente suas, ele se refugia quando se sente incompreendido ou quando o mundo real lhe parece demasiadamente mau, desinteressante ou monótono.

O elemento água geralmente dá aos seus nativos essa faculdade de criar uma dimensão nova, em que eles vivem por aquilo que não têm coragem de lutar materialmente, em que realizam todas as obras que sua timidez ou sua incapacidade os impede de tornar concretas, em que dizem desaforos que não têm coragem de dizer em voz alta, em que amam em silêncio um amor impossível, em que arranjam amantes, ganham fortunas e são artistas, guerreiros, conquistadores ou soberanos.

Para os que têm uma personalidade dinâmica e objetividade suficiente para tornar reais essas imagens fantásticas, esse mundo interior é a mais rica fonte de inspiração. Para aqueles que são inertes, passivos e submissos, que não têm ânimo para lutar ou coragem para competir com seus semelhantes e que não têm paciência para arrancar do nada e erguer pedra por pedra os seus desejos de vitória, ele é como o ópio ou a bebida; embriagando-se com seus sonhos; esses piscianos vivem e morrem sem fazer nada de útil.

A torre de marfim também serve para os nativos de Peixes esconderem sua verdadeira personalidade. Como já dissemos, neste signo, além de Gêmeos, Câncer e Virgem, costumam nascer as pessoas que mais falam no zodíaco. Naturalmente, nem todos os piscianos são faladores incorrigíveis, mas a maioria deles sente irreprimível necessidade de falar. Note-se, contudo, que tanto uns como outros só dizem aquilo que lhes convém; as coisas mais íntimas ficam ciosamente guardadas, não sendo reveladas nem às pessoas mais queridas.

Os dois peixes

Os signos podem ser duplos ou singulares; no primeiro caso dão maior unidade à personalidade, dão uma vontade mais firme e um maior poder realizador; no segundo, podem fracionar a personalidade, dar uma vontade mais instável e tornar a criatura menos objetiva. De todos os signos bicorpóreos, Gêmeos e Peixes são os de divisão mais definida, o que se verifica até nas figuras que lhes servem de símbolo sendo que Gêmeos apresenta dois jovens e Peixes é figurado por dois peixes. Estes signos marcam fortemente seus nativos, seja dividindo-os em duas categorias bem diversas, seja bipartindo a criatura, fazendo com que, dentro dela, existam dois indivíduos diferentes e duas manifestações de vontade, ação e pensamento, bem distintas. Freqüentemente, ainda determina que as coisas aconteçam duas vezes na vida, marcando dois casamentos, *duas* doenças graves, duas alterações de fortuna, positivas ou negativas, etc.

O humor instável é uma das características dos signos duplos. O pisciano está sempre sujeito a inexplicáveis crises de melancolia, alternadas com períodos de exuberante satisfação e entusiasmo. Às vezes se mostra gentil, cordato, obediente, submetendo-se a todas as exigências; subitamente, devido a um pequenino detalhe ele se altera, rebela-se, discute e demonstra uma obstinação incrível. A duplicidade de Peixes faz também com que seus nativos se ocupem, simultaneamente, com vários assuntos, mas nesse caso só conseguem bons resultados quando são tipos positivos e objetivos. Outras vezes esta vibração em paralelo os torna muito dispersivos, incapacitando-os de concentrar a atenção num único ponto e de centralizar seus esforços num único alvo, mantendo-os num constante e inquieto estado de insatisfação. Mesmo quando os piscianos possuem uma vontade positiva e uma personalidade dinâmica e enérgica e se dedicam a um só trabalho, quando são obrigados a se concentrar por muito tempo, um fiozinho de sua alma se rebela e se escapa e vai fazer um verso, compor uma melodia, pensar numa roupa nova ou numa praia cheia de sol.

Nos tipos inferiores, essa duplicidade pode significar simulação; embora exteriormente o indivíduo se mostre amável, gentil, submisso, bondoso, interiormente ele é rebelde, invejoso, agressivo e rancoroso.

A mulher de Peixes

Tudo quanto pode ser dito sobre o signo de Peixes é aplicável tanto ao homem quanto à mulher. Apenas, a pisciana, por sua condição feminina, por sua delicadeza maior, é muito mais sensível, intuitiva, emotiva e instável do que seus irmãos do sexo masculino.

Vênus se exalta no campo cósmico de Peixes. Como os raios venusianos atingem especialmente a mulher, a pisciana, quando tem este planeta em ângulos favoráveis em seu céu astrológico natal, pode ser muito bonita, elegante, refinada, graciosa e sedutora. Pode, também, ser muito vaidosa ou fútil e viver toda a sua vida apenas preocupada com sua aparência física e com seus compromissos sociais. É, quase sempre, excelente dona de casa, embora utilize métodos um tanto confusos para manter a organização doméstica em andamento. É excessivamente romântica, aprecia as histórias de amor, os bombons, os namoros e noivados. Magoa-se com facilidade e tem uma imensa capacidade afetiva; não gosta de ver ninguém infeliz, procura resolver todos os atritos, harmonizar todas as contendas, coloca-se entre os antagonistas para servir de escudo para uns e outros e no fim é ela quem acaba se sentindo muito infeliz ou então muito confusa.

A pisciana comum sente certa dificuldade em concentrar a atenção em coisas muito complicadas ou difíceis e sua tendência é a de adejar na superfície, extraindo de tudo o melhor, o mais saboroso, o mais evidente, sem se importar com a essência. Há, contudo, algumas piscianas de poder realizador e energia mental tão grande quanto a de qualquer homem; nesse caso elas sempre manifestam a mais delicada sensibilidade aliada ao encanto pessoal, como o demonstraram duas famosas piscianas, Louise Colet, célebre poetisa, muito amada por Alfred de Musset, e Tamara Karsavina, a famosa bailarina companheira de Nijinski, que preencheu, nos palcos de todo o mundo, o vazio deixado pela morte do cisne branco, Ana Pavlova.

A passividade

Passividade, timidez, preguiça de pensar, lutar ou trabalhar, são as debilidades que, com maior freqüência aparecem como responsáveis pelo destino obscuro de muitos piscianos que poderiam, se o desejassem, levar uma vida muito mais brilhante e positiva.

Por sua natureza impressionável e sensível, o nativo de Peixes é facilmente dominado por criaturas de vontade mais forte. Ele não quer beber, não gosta de beber, mas bebe porque um amigo insiste para que o faça. Quer ir para casa cedo, descansar, estar com a família, mas fica na rua porque não tem forças para se desprender da rodinha de amigos. Não quer ou não pode comprar um terreno, mas compra porque o vendedor sabe falar bem ou parece necessitar muito da respectiva comissão. Quer se dedicar a um trabalho, sabe que é exatamente e unicamente aquilo que deseja fazer na vida, mas aceita outra incumbência apenas porque não tem coragem para se rebelar contra o destino, enfrentar um aperto financeiro ou dizer *não* a outra pessoa.

É óbvio que todo nativo de natureza superior combate essa tendência de Peixes e é por isso que vemos tantos piscianos ocupando posições de destaque, lutando por seus direitos e vivendo uma existência útil, agradável e produtiva. Nem todos, porém, têm esse vigor e mesmo quando dotados de maravilhosas qualidades, sendo donos de grande cultura ou refinada sensibilidade, ocupam seu tempo mais empurrando e ajudando os outros do que construindo sua própria fortuna. Outros, ainda, são inibidos por uma forte timidez, envergonham-se de competir abertamente ou de pedir apoio para seus empreendimentos e vegetam na obscuridade, sem chance de vencer.

Existe muito pisciano que, para não magoar alguém ou apenas porque não tem ânimo para se rebelar, deixa outra pessoa gastar seu dinheiro ou conduzir-lhe a vida, abusar de sua boa fé, imputar-lhe culpas, levá-lo aos tribunais, roubar-lhe o emprego e truncar-lhe o destino; aí, então, para fugir à realidade feia e desagradável, refugia-se em sua torre de marfim, o que, na verdade, não é uma solução mas, sim, um meio de se anular mais ainda. É bom ajudar, incentivar, amar, viver em estreita correspondência com aqueles que nos amam, mas nunca é bom escravizar-se, aniquilar-se e desmerecer o dom divino de viver, realizar e existir.

O mundo das sombras

Nem tudo é beleza, bondade, fraternidade, compaixão, afeto e perfeição no signo de Peixes. Ele governa, no zodíaco fixo, intelectual, a Casa dos inimigos, das traições, das prisões, dos exílios e dos mistérios do mundo material, encerrando todas as sementes de bondade ou maldade e toda a gama de paixões, desde a mais sublime até a mais baixa.

O pisciano, quando possui uma evolução maior, é sincero, honesto, leal e fraterno e quando esconde sua aversão ou ressentimento é apenas porque não deseja provocar discussões ou magoar a quem quer que seja. O tipo inferior é diferente; é traiçoeiro, hipócrita e malicioso, esconde seu ódio diante do adversário, mas por trás, pelas costas, critica, calunia, ataca covardemente e sempre procura destruir o que a criatura tem de mais valioso ou de mais querido.

Este signo proporciona faculdades mediúnicas muito acentuadas e também inclina para todas as pesquisas metafísicas, espiritualistas, mágicas, astrológicas, etc. Em Peixes podem nascer médiuns notáveis que, mesmo sem desenvolver suas qualidades, têm pressentimentos muito exatos e podem ter sonhos proféticos ou manifestar visão ou audição paranormal. Em virtude de sua natureza muito intuitiva e sensitiva e das naturais tendências místicas deste signo, estes nativos, quando se dedicam às doutrinas espiritualistas ou a qualquer estudo hermético podem ter resultados dos mais surpreendentes.

Certos nativos de Peixes, sentindo afinidade por tudo quanto é imaterial ou oculto, caem nas mãos de espertos, que se aproveitam da sua boa fé para arrancar-lhe dinheiro ou favores. Podem, também, em certos casos, sofrer pesadelos, alucinações, obsessões e manias, confundindo os médicos que, erradamente, diagnosticam angústias, epilepsia, crises nervosas ou loucura quando tudo não passa de maléfico e pesado reflexo de seres astrais de sombria natureza. Outros, ainda, de vontade positiva, mas pouca evolução, podem dedicar-se ao baixo espiritismo, aos rituais exóticos ou às práticas de magia negra e quanto mais inferior for a sua condição espiritual, maiores danos causarão e melhor saberão enganar o próximo e a si mesmos.

A fraternidade

Os piscianos são muito humanos, generosos e bondosos. Como já dissemos, são capazes de dedicar toda a sua vida e todas as suas energias a uma criatura ou a um ideal. Até os tímidos, quando nascem neste signo, embora não tenham coragem para lutar em seu próprio benefício, tornam-se ousados, pedem, reclamam e insistem quando se trata de algo em proveito de outras pessoas.

Esses nativos não sabem viver sós; precisam sempre compartilhar sua vida com os outros. Se adquirem uma roupa nova, querem sair para mostrá-la, se têm um bom jantar convidam um amigo e estão sempre pensando em proporcionar alegria e prazer àqueles a quem amam. Sabem participar da vida e dos problemas de seus amigos e familiares, sentem vaidade por seus triunfos e dor por suas derrotas. Dotados de uma inteligência das mais desenvolvidas, nem sempre fazem fortuna na carreira que escolhem, pois geralmente são compensados por maior dose de gratidão do que de dinheiro, atendendo com o mesmo carinho aqueles que podem pagar como os que nada têm para dar em troca dos seus serviços.

Para os nativos de Peixes, toda criatura é digna de sua atenção e de seus cuidados, seja ela pessoa muito íntima ou completamente desconhecida; os tipos superiores assim agem porque, de todos os tipos astrológicos, são os que mais perto estão da verdadeira fraternidade, daquela que torna todo homem, preto ou branco, rico ou pobre, um irmão; já os tipos inferiores se interessam pelo próximo apenas porque são interiormente devorados por uma curiosidade insaciável, maliciosa e grosseira.

Síntese

Entre os doze signos do zodíaco, Peixes é o que maior importância espiritual possui. Seus nativos têm a missão de aperfeiçoar, complementar e, também, de criar e construir. Justamente por suas induções muito elevadas, pela extrema sensibilidade, pela imaginação fértil e pela natureza impressionável e afetuosa que proporciona, o signo de Peixes torna mais difícil o caminho dos seus nativos, fazendo com que eles pensem mais nos outros do que em si mesmos.

Aproveitando as maravilhosas qualidades contidas nas estrelas de sua constelação, sabendo dominar sua timidez, sabendo controlar o pêndulo de suas incertezas, desenvolvendo a vontade, assumindo, enfim, uma atitude enérgica, positiva e combativa, os piscianos poderão construir sua fortuna e melhor realizar seu trabalho, que é o de preparar a humanidade para viver num mundo de igualdade, fraternidade e amor, o mundo de Peixes.

O DESTINO

Antes mesmo do seu nascimento, o homem já começa a se integrar no concerto cósmico universal. Seus primeiros sete meses, três na condição embrionária e quatro na condição fetal, são as sete etapas formativas, no fim das quais está apto para nascer e sobreviver. Os dois últimos meses são dispensáveis, mas a Natureza, mãe amorosa, os exige e só os dispensa em casos extremos, pois a criaturinha que vai nascer necessita fortalecer-se e preparar-se para a grande luta que se iniciará no momento em que ela aspirar o primeiro hausto de ar vivificante.

Durante os nove meses de permanência no útero materno, de nove a dez signos evoluem no zodíaco celeste. De modo indireto, suas induções são registradas pelo sensível receptor que é o indivíduo que repousa, submerso, na água cálida que enche a placenta. É por essa razão que observamos, em tantas pessoas, detalhes de comportamento que não correspondem às determinações do seu signo natal; isto indica que elas têm uma mente plástica e sensível e estão aptas para se dedicar a inúmeras atividades.

Ao nascer a criatura recebe a marca das estrelas que dominarão o seu céu astrológico e que lhe determinarão o caráter, o temperamento e o tipo físico além de dar-lhe um roteiro básico de vida. As vibrações percebidas durante a permanência no útero, por uma sutil química cósmica, são filtradas e quase totalmente adaptadas às irradiações das estrelas dominantes. As influências familiares e a posição social ou financeira dos progenitores nunca modificarão o indivíduo; apenas poderão facilitar ou limitar os meios que ele terá para objetivar sua personalidade e realizar, de modo positivo ou negativo, as induções do seu signo natal.

Alguém, portanto, nascido entre 20 de fevereiro e 20 de março, provenha de família de rígidos princípios ou de moral relaxada, venha à luz numa suntuosa maternidade ou no canto de um casebre humilde, seja criado com carinho ou desprezado pelos seus, será um pisciano e terá o destino que Peixes promete a seus nativos. Este destino será brilhante ou apagado, benéfico ou maléfico, de acordo com a qualidade e o grau de evolução de cada um.

Evolução material

A evolução material de qualquer criatura representa a cristalização de seus esforços; se ela for passiva, nada de importante lhe acontecerá e sua vida será, sempre, impelida por outras pessoas e modificada pelos acasos da sorte ou do azar, que surgirem em seu caminho; se ela for ativa e enérgica, nada lhe poderá deter o progresso e mesmo lutando contra um nascimento modesto ou uma condição social humilde, poderá elevar-se aos mais altos destinos. Os nativos de Peixes recebem de seu signo as mesmas promessas de vitória contidas nos demais setores zodiacais, dependendo apenas de sua vontade ter uma vida modesta ou alcançar posições das mais brilhantes e elevadas, a exemplo dos piscianos Sir Neville Chamberlain e General San Martin, o libertador das Américas.

O signo de Peixes dá armas valiosas aos seus nativos, mas também lhes dá certas debilidades que devem ser combatidas a todo custo. O pisciano que não souber lutar, que não souber reagir contra tudo aquilo que lhe possa limitar os passos, terá uma vida igual à de milhões de outras criaturas. Se no momento do nascimento todos os aspectos planetários forem favoráveis, terá um destino ameno, agradável, mas não saberá constituir uma situação ainda melhor e nada realizará de útil, tendo o seu nome esquecido assim que deixar de existir; se as influências planetárias forem desfavoráveis ou violentas, não tendo coragem e energia capaz de modificá-las, jamais se elevará além do plano onde o nascimento o colocou e talvez, por sua inércia, desça a condições mais obscuras.

Quando o pisciano tem uma vontade positiva e domina as fraquezas naturais do seu signo, as posições adversas ou violentas não conseguem impedir sua vitória; podem lhe tornar a luta mais árdua mas dão, também, maior solidez aos seus triunfos, desde os mais modestos até os mais elevados. Em qualquer signo do zodíaco as promessas de fortuna, prestígio e fama são iguais, desde aquelas pequenas, porém valiosas, merecidas pelo homem que sabe executar com perfeição o seu trabalho humilde e assim se destaca entre os que exercem trabalhos iguais, até as merecidas e recebidas por criaturas como Graham Bell, von Wassermann e Albert Einstein, que tão bem souberam aproveitar as qualidades conferidas por Peixes, seu signo de nascimento.

A evolução material do pisciano será, portanto, um reflexo de sua própria personalidade; estática ou lenta quando ele for passivo ou pouco enérgico e brilhante e rápida quando ele tiver uma personalidade positiva, ambiciosa e dinâmica. Inteligência, poder criador, sensibilidade, capacidade para entender e assimilar e, sobretudo muita simpatia e muito calor humano, são qualidades que o nativo de Peixes possui em grande quantidade; basta ele saber usá-las e tudo lhe será fácil.

Família

A infância dos nativos de Peixes raramente será passada num lar calmo e equilibrado. Na maioria das vezes estes nativos nascerão no seio de uma família agitada por inúmeros problemas, especialmente financeiros. Conhecerão períodos de bastante prosperidade, mas também poderão atravessar épocas bastante difíceis. Papéis, documentos ou questões legais poderão fazer com que sua família sofra graves prejuízos, morais e financeiros, e seja obrigada a viver modestamente por longo tempo.

Em quase todos os temas, as estrelas de Peixes indicam pronunciada harmonia entre o nativo deste signo e seus progenitores. Um deles terá extraordinária influência sobre o pisciano, escolhendo sua carreira, orientando-lhe as idéias e governando-lhe a vida; esta influência, em certos casos, poderá ser bastante benéfica, mas outras vezes trará resultados negativos, fazendo com que o nativo siga uma carreira para a qual não tem inclinação e se habitue a ser sempre orientado e conduzido. Para algumas criaturas nascidas sob sua proteção,

Peixes também pode determinar prolongado afastamento de um dos genitores, que poderá viver algum tempo em cidade ou país distante, ou então sofrerá de alguma doença que o forçará a viver confinado ou o impossibilitará de conviver normalmente com a família.

O nativo deste signo poderá ter vários irmãos e irmãs, cuja natureza será bastante diferente da sua. Não será raro um dos progenitores vir de um casamento anterior e, por esse motivo, o pisciano poderá crescer ao lado de irmãos nascidos desse matrimônio ou junto com crianças estranhas, adotadas por sua família.

Amor

O amor, para o pisciano, poderá trazer muita felicidade ou muita amargura. O casamento será um passo decisivo em sua vida e quando resolver unir seu destino ao de outra criatura deverá sempre procurar alguém de evolução, educação e condição social igual ou superior à sua, caso contrário poucas alegrias terá em sua vida matrimonial.

Para muitos de seus nativos, o signo de Peixes indica casamento ou união com pessoa viúva ou desquitada; nestes casos a paz doméstica poderá ser perturbada por constantes interferências da família do cônjuge ou dos filhos que este porventura tenha tido de sua primeira experiência amorosa. O signo de Peixes às vezes promete mais de uma união aos que nascem sob sua influência; dela também poderão resultar filhos que provocarão perturbações entre o pisciano e a pessoa com quem se unir num segundo casamento.

Aquele que nasce neste signo tem uma natureza muito bondosa e confiante. Sempre acredita na pureza e na boa intenção dos outros e por este motivo está arriscado a casar com alguém de conduta irregular ou que viva dominado pela bebida ou por qualquer outro vício; casará misturando a piedade ao amor, acreditando na regeneração do cônjuge e acabará se condenando a uma vida muito infeliz.

Filhos

Peixes é um signo muito fecundo, podendo determinar descendência numerosa. Quando os aspectos planetários oferecidos pelo céu astrológico do cônjuge não favorecerem a fertilidade, ainda assim o pisciano sempre terá um ou dois filhos, além do que poderá, também, adotar crianças estranhas, às quais dedicará muita afeição e carinho.

Os filhos dos nativos deste signo serão alegres, amorosos e inteligentes. Em virtude do seu delicado sistema nervoso e de sua natureza impressionável e sensível, em seus primeiros anos sua saúde poderá causar alguma preocupação, mas com o tempo se estabilizará.

O pisciano deverá educar cuidadosamente esses filhos, pois eles também terão uma natureza bastante passiva. Se não forem bem conduzidos, mais tarde, ao ter que enfrentar o mundo, sofrerão muito.

No caso de dois matrimônios, os filhos nascidos do primeiro terão que ser tratados com redobrado carinho, pois se sentirão enciumados e não se adaptarão muito aos irmãos que nascerem do segundo casamento. Mesmo que esta outra união não traga descendência, essas crianças sentirão ciúmes e poderão até prejudicar a felicidade do nativo de Peixes, colocando-se entre ele e seu cônjuge.

Vida social

Todas as criaturas de personalidade poderosa e vontade firme acabam sempre se destacando dos seus semelhantes e se elevando acima do meio onde nasceram. Em oposição, todas as que tiverem uma natureza instável e uma vontade débil, são sempre impelidas por outras ou arrastadas pelas circunstâncias; assim, vivem e morrem sem agregar um tijolo sequer àquilo que seus antepassados construíram ou então descem e vão ocupar posições ainda mais modestas.

O destino promete, para o pisciano, uma posição social das mais invejáveis, onde estará em constante contato com pessoas de renome, fortuna e responsabilidade. Esta posição tanto poderá ser herdada de seus progenitores como também poderá ser conseguida à custa do seu próprio mérito e esforço. As estrelas de sua constelação poderão trazer-lhe fama, respeito, prestígio e riqueza, mas tudo isso estará sempre condicionado à sua coragem, energia e combatividade. Apenas as qualidades de inteligência e sensibilidade e os dons de simpatia e bondade não lhe bastarão para se manter em nível elevado ou para conquistar uma situação de destaque, mas terá que saber lutar para conservá-la. Não se deve esquecer que Peixes é a Casa dos inimigos; dos invejosos, dos traiçoeiros, dos delatores, dos intrigantes e dos caluniadores que estarão sempre rondando a vida desse nativo, procurando prejudicá-lo não só em sua reputação como, também, em seus negócios.

Um mau casamento poderá fazer com que o pisciano veja seu bom nome bastante desfavorecido, mas, em compensação, um matrimônio acertado lhe trará sorte e até mesmo fortuna. Por sua natureza demasiadamente confiante, o nativo de Peixes poderá ser conduzido por amigos pouco sinceros, ou pouco ajuizados, que o levarão a praticar certos atos ou a tomar certas atitudes que também causarão graves prejuízos. Por não querer provocar discussões ou mágoas às pessoas, por inibição, timidez, comodismo ou mesmo covardia, deixarão que outras pessoas ocupem seu emprego, apoderem-se das coisas que lhe pertencem, manchem sua reputação ou prejudiquem seu emprego, sem esboçar nenhuma reação.

Para esta espécie de nativos o destino dado por Peixes será como um entardecer, em que a passagem dos anos irá tornando a luz mais escassa e a sombra mais evidente. Para aqueles que defendem o que é seu por direito e que fazem valer os seus méritos, Peixes determina uma vida movimentada, brilhante, útil e prestigiosa e uma elevada posição social.

Finanças

As finanças do pisciano, como todas as coisas em sua vida, sofrerão sempre o reflexo de sua personalidade; serão sólidas e prósperas quando ele tiver uma natureza positiva, ativa e ambiciosa e serão oscilantes e modestas quando ele for uma criatura instável e pouco combativa.

Na verdade, sua própria natureza será a responsável por sua fortuna, pois a posição dos signos, em seu zodíaco solar, é das mais favoráveis, principalmente no que se refere ao dinheiro e à popularidade. A ambição, o espírito de luta e a firmeza são fatores decisivos, mas resta ainda outro ponto importante a esclarecer; muito pisciano enérgico e lutador fracassará em seus empreendimentos se não procurar ter uma visão objetiva e prática de todas as coisas. Idealista ao extremo, vendo apenas a grandeza ou a beleza daquilo que deseja fazer, colocará todas as suas forças e o seu dinheiro em empresas teoricamente extraordinárias, mas que, na prática, não funcionarão.

Sua bondade excessiva também poderá fazer com que sua conta bancária seja sempre menor do que deveria ser. É raro o nativo de Peixes que sabe dizer *não* a um amigo ou a um conhecido e os aproveitadores sempre estão em seu caminho, aproveitando-se largamente da sua generosidade. Também por influência de amigos, poderá meter-se em negócios perigosos ou mal arquitetados e com isso não só sofrerá pesadas perdas como, também, poderá ver-se envolvido em complicações legais bastante sérias.

Em certos casos, este nativo poderá casar com pessoa de dinheiro e posição, mas em outros o matrimônio poderá ser maléfico para as finanças e, caso venha a se separar legalmente do cônjuge, deverá tomar cuidado para não se ver prejudicado em seus direitos ou lesado em sua fortuna. As uniões amorosas ilegais que porventura acontecerem em sua vida, também causarão aborrecimentos, principalmente quando acontecerem com pessoas de condição inferior; nestes casos o pisciano será vítima de chantagem e terá que pagar muito caro qualquer tolice cometida. Nas associações que porventura fizer terá sempre que ter cautela, pois seu sócio poderá apossar-se do negócio ou tentará prejudicá-lo em seus direitos. Todos os documentos ou papéis relativos aos negócios que realizar ou às propriedades que adquirir, deverão ser bem analisados, pois poderão causar perturbações e até graves conseqüências.

O elemento água pode determinar extraordinária popularidade e proporcionar ao seu nativo o dom de descobrir e fazer exatamente aquilo que o povo aprecia, procura e quer comprar. Peixes é um signo que pode trazer grande fortuna aos que nascem sob sua proteção, desde que seja escolhida uma atividade favorável, combatida toda e qualquer debilidade e posta em ação toda a maravilhosa soma de qualidades deste signo.

Saúde

Peixes é um signo que não dá grande vitalidade aos seus nativos; isto não significa que tenham uma saúde débil, mas indica que sua absorção ou criação de energia é menos acentuada do que em outros tipos astrológicos. Quase todos os males que atacam os piscianos têm uma origem mais psíquica ou nervosa do que propriamente física e o primeiro passo para que este nativo possa viver muito bem e afastar todas as idéias de doença, desgraça ou tristeza é repelir a companhia de pessoas grosseiras ou espiritualmente baixas.

Dotado de imaginação fértil e extrema impressionabilidade, o pisciano sofre todas as dores e males do mundo. Se ele vê alguém morrer do coração, começa a perceber sinais de insuficiência cardíaca na primeira indisposição que o acometer; ou se sabe que alguma pessoa está sofrendo do estômago, na primeira vez que padece um ataque de azia sente-se corroído por uma úlcera fatal. Quando as finanças vão mal, acontecem brigas em sua casa ou seu emprego corre perigo, seu subconsciente busca refúgio numa indisposição física. Em certos casos, quando importantes problemas o atribulam, o pisciano chega a ficar gravemente doente, seja pela tensão nervosa, seja para fugir às responsabilidades, visto que ninguém pode exigir nada de uma criatura enferma. É óbvio que os tipos de vontade firme jamais tentam fugir das situações difíceis, mas este recurso é freqüentemente utilizado por aqueles que têm vontade mais fraca ou são muito tímidos.

Peixes rege os pés e os que nascem sob sua proteção podem sofrer golpes, ferimentos ou deformidades nos pés, calos, joanetes, unhas encravadas, pé chato, gota, hidropisia e toda e qualquer moléstia desse gênero, sempre que os aspectos planetários forem desfavoráveis; em compensação, quando os aspectos forem benéficos, estes nativos terão pés belos, fortes e bem proporcionados. Estão sujeitos, ainda, por influência de Virgem, signo oposto ao seu, a sofrer de várias enfermidades do aparelho gastrointestinal.

Netuno, juntamente com a Lua, governa o cerebelo e também rege o sistema nervoso vegetativo, determinando, quando em maléfica situação, toda espécie de neuroses e de doenças misteriosas, dessas que os médicos não conseguem curar e que são devidas tanto a estados nervosos como a estados psíquicos negativos; o fogo e o ar são elementos que proporcionam forte sensibilidade; no caso de Peixes, ela tanto é psíquica como nervosa e não raro faz com que os piscianos sofram crises depressivas. Estas devem ser rigorosamente combatidas, pois podem provocar efeitos mais graves e o pisciano, que é altamente sensitivo e impressionável, deverá evitar que a tristeza ou a melancolia se apoderem dele. Quando isso acontece, certos tipos menos positivos costumam buscar refúgio na bebida, nos tóxicos, nas palavras confortadoras de espertalhões e pretensos entendidos em assuntos ocultos e até mesmo, em alguns casos, na autodestruição.

Peixes e Netuno regem o misterioso estado a que se dá o nome de sono. O pisciano, quando tem problemas, dorme pesadamente um sono sem sonhos ou então cai vítima de insônia. É sujeito a pesadelos e também pode ter sonhos proféticos. Alguns tipos mórbidos podem sofrer transes catalépticos, letargia ou viver num perpétuo estado de sonolência.

Em alguns temas, felizmente raros, Peixes pode prometer acidentes mortais por asfixia ou afogamento. O sexo é delicado problema para os tipos mais sensitivos de Peixes, e tanto ele como Netuno podem determinar manifestações sexuais negativas, seja a perversão, a sensualidade desenfreada ou, então, a mais completa aversão a qualquer forma de união física.

Amigos

Os piscianos fazem amigos com muita facilidade, mas, infelizmente, nem sempre sabem selecioná-los, e se alguns trazem muita alegria, outros, em compensação, poderão trazer sérios aborrecimentos. Entre eles o nativo de Peixes poderá contar com pessoas de elevada posição ou de grande influência nos meios políticos, religiosos ou financeiros e embora não goste de perturbar seus companheiros com pedidos de auxílio, sempre que deles necessitar será atendido com boa vontade e presteza.

O nativo de Peixes deverá estabelecer relações fraternas com pessoas de condição e educação igual à sua, pois as criaturas inferiores sempre lhe trarão desgostos, prejudicando-lhe a felicidade doméstica, conduzindo-o a negócios desastrosos e causando graves danos à sua reputação.

O pisciano gosta de conversar, mas também é um dos melhores ouvintes do zodíaco. Por esse motivo, será sempre procurado por todos aqueles que necessitarem de apoio moral ou espiritual ou que tiverem alguma história triste para contar. Note-se, porém, que existem pessoas que cultivam suas desgraças com o mesmo carinho com que se cultiva uma flor; o pisciano deverá fugir delas pois, impressionável como é, ficará remoendo os infortúnios alheios em lugar de viver feliz junto àqueles que o amam.

Inimigos

As condições cósmicas de Peixes, como Casa dos inimigos e das traições, podem fazer com que os piscianos tenham adversários perigosos e pouco leais, que atacarão pelas costas e procurarão sempre prejudicar este nativo em tudo quanto ele tem de mais precioso.

Muitos amigos serão, na verdade, inimigos perigosos ao extremo. Vivendo na intimidade do pisciano, conhecendo-lhe os problemas e fraquezas estes antagonistas se aproveitarão disso para melhor realizar sua tarefa de destruição, e o nativo de Peixes deverá ter mais cautela com estes adversários do que com aqueles que ele reconhece como inimigos declarados.

Por motivos políticos, religiosos ou mesmo profissionais, o nativo de Peixes poderá arranjar antagonistas duros, impiedosos e frios, que lhe darão muita dor de cabeça. Em quase todos os seus ataques os inimigos visarão a reputação deste nativo e procurarão manchar e desprestigiar seu nome.

Viagens

Por sua natureza, Peixes pode determinar freqüentes mudanças de residência e várias viagens aos seus nativos, mas certos aspectos planetários poderão transformar essa determinação. O pisciano sente necessidade imperiosa de mudar de ambiente, em virtude do ritmo mutável do seu signo; quando não pode viajar costuma passear muito e quando não pode mudar de casa usa o recurso de mudar os móveis ou colocá-los em posições diferentes.

As viagens, em Peixes, não acontecem com a mesma freqüência com que sucedem em outros signos mutáveis, como Gêmeos e Sagitário, mas é bom lembrar que Peixes é um signo passivo, enquanto Gêmeos e Sagitário são ativos. Geminianos e sagitarianos adaptam os problemas aos seus desejos, mas o pisciano, cada vez que tem de viajar encontra tantos problemas, familiares ou profissionais para resolver, que acaba desistindo da idéia.

Neste signo, os deslocamentos a pequenas distâncias e por breve tempo serão agradáveis e produtivos, mas as longas viagens poderão trazer mais aborrecimentos do que prazer.

Profissões

Os piscianos, quando pertencem ao tipo mental, possuem poderosa inteligência e juntam a ela uma desenvolvida intuição que os auxilia nos negócios e em todos os passos, tanto de sua vida pública como particular.

A posição de casa cadente deste signo, ao mesmo tempo que confere o poder de criar e construir, também dá a faculdade de atuar como agente de complementação. Isto faz com que muitos piscianos, de natureza mais tímida e vontade mais débil, embora possuam maravilhosas qualidades intelectuais condenem-se a uma situação obscura e trabalhem para outras pessoas menos qualificadas, que recebem todos os aplausos pela obra que na verdade foi realizada por ele. Por esse motivo convém saber que a glória, a riqueza e a popularidade jamais baterão à porta dos passivos e submissos e só estarão à espera dos tipos positivos, seja qual for a carreira por eles escolhida.

As carreiras como medicina, advocacia, magistério, etc., costumam atrair os piscianos, pois elas cuidam da criatura humana, que para o nativo de Peixes é da maior importância. A música poderá trazer fama a estes nativos, quando amarem esta forma de expressão e resolverem dedicar-se a ela, pois Peixes é o signo da genialidade musical; sob sua influência nasceram alguns criadores e intérpretes geniais, bastando citar Händel, Chopin, Rossini, Rachmaninoff, Ravel, Smetana e o inimitável Enrico Caruso. Por sua delicada sensibilidade para as formas e cores, esse nativo também poderá dedicar-se à escultura, à pintura e ao desenho, tomando como modelos seus irmãos de signo, John Tennel e Michelangelo. A filosofia e a literatura também poderão oferecer extraordinário sucesso, em virtude de que este signo dá a mais alta forma de expressão da palavra e do pensamento, como o demonstraram Jaspers, Benedetto Crocce, Schopenhauer, Victor Hugo, Camilo Castelo Branco e Cyrano de Bergerac. Numa mesa de estudos, como Einstein, num laboratório, como Wassermann, dentro de uma nave espacial, pesquisando o universo, como Yuri Gagarin, num palco, como Nijinski, devassando florestas, como o inquieto David Livingstone, num complicado mundo político, como Chamberlain, dirigindo destinos humanos, como George Washington ou lutando pela liberdade das criaturas, como a anti-escravagista Angelina Emily, podemos encontrar os ecléticos, intuitivos, inteligentes e sensíveis nativos de Peixes. Nas escolas, nos hospitais, nos asilos, nos orfanatos, nas entidades dedicadas ao serviço de assistência social; nas fábricas, sobretudo de produtos químicos, tóxicos ou etílicos e nas atividades ligadas ao comércio de bebidas, à industrialização e ao comércio do fumo e à culinária, desde a modesta cozinha caseira até o trabalho artístico de um *grand chef* em todas as atividades, em bares, hotéis, casas de prostituição, assim como no tráfico de mulheres e em toda espécie de comércio sexual também deparamos com o pisciano, que tanto pode possuir a divina centelha de gênio criador ou executar as tarefas de maior responsabilidade, como laborar humildemente como faxineiro ou dedicar-se à sombria ocupação de arrebanhar mulheres para prostíbulos.

Síntese

Peixes dá várias debilidades aos seus nativos, mas também lhes dá qualidades para realizar as obras mais valiosas. Não lhes facilita o caminho, mas também sabe compensar generosamente seus esforços. Faz com que ocupem os lugares mais humildes, tratando de doentes, trabalhando em fábricas, fazendo o serviço de limpeza pública, lavando pratos ou arrumando quartos em hotéis, mas também faz com que se elevem às brilhantes posições ou criem obras geniais que atravessam os séculos e fazem com que seu nome seja reverenciado por inúmeras gerações.

Pudemos, em toda a análise feita até aqui, verificar que o destino coloca, diante dos piscianos, um campo infinito, onde poderão viver, amar e encontrar felicidade, ao mesmo tempo distribuindo alegrias e conforto aos seus semelhantes. Quem nasce sob as estrelas de Peixes nunca terá uma vida fácil mas, em compensação, nunca lhes faltará capacidade ou inteligência para realizar os trabalhos mais úteis e as obras mais preciosas.

A CRIANÇA DE PEIXES

As crianças possuem dentro de si o germe de todas as mais sublimes obras e de todos os gestos mais elevados, juntamente com o germe do ódio, da perversão, da destruição e da crueldade. Cabe aos pais ou responsáveis despertarem a parte divina de sua mente e de sua alma e sepultarem para sempre a parte infernal, o que se consegue com amor, carinho, cuidado, bons exemplos e educação conveniente.

Os piscianos devem merecer atenção de seus pais, em virtude de sua extrema sensibilidade, psíquica e nervosa, e de sua natureza impressionável, imaginativa, passiva e tímida. O pequenino nativo desse signo costuma ser alegre, travesso e inquieto, como, aliás, deve ser toda criança saudável. Às vezes é bastante independente e rebelde, mas geralmente é fácil de orientar e conduzir, desde que sejam usados métodos carinhosos. Se for muito castigada ou contida buscará refúgio em seu mundo ideal, pois desde cedo o pisciano começa a edificar sua torre de marfim e a criar suas fantásticas imagens.

A timidez deve ser combatida na criança de Peixes. Sem fazer alarde, deve-se obrigá-la a participar de brincadeiras com outras crianças e a conversar com as visitas e os estranhos. Deve-se colocá-la na escola bem cedo, assim que o pediatra responsável julgar oportuno, pois a vida em grupo lhe fará bem. Não se deve resolver problemas por ela; se ela quiser abrir um embrulho, trocar uma roupa, desmanchar o nó do cordão do sapato ou pegar um objeto em cima do armário, equilibrando-se sobre uma cadeira, deve-se deixá-la agir, naturalmente sem prejuízo de sua segurança. Se todas as coisas lhe forem facilitadas, todos os nós desatados e todos os objetos colocados ao seu alcance, mais tarde, ao ter que lutar e competir com outras criaturas, ao ver como é difícil conseguir qualquer coisa sem o auxílio do papai e da mamãe, ela se encolherá dentro de si mesma e não terá coragem para lutar.

Deve-se, também, evitar tudo o que possa acentuar a qualidade passiva que acompanha os nativos deste signo, quando não recebem uma educação conveniente. É lógico que sempre se ensina uma criança a respeitar as ordens dos adultos, a emprestar seus brinquedos para os outros, a não bater nas demais crianças e a não praticar atos de maldade. As coisas más devem ser proibidas, mas na educação de um pisciano certas regras devem ser esquecidas. Não se deve exigir dele nenhuma demonstração de submissão, nem amedrontá-lo com castigos físicos e nem com a misteriosa e, por isso, mais assustadora ameaça de punição contida na frase: — Papai do céu castiga! — Mais tarde, a criança tão boazinha, tão comportada, tão quietinha, será uma sombra sem personalidade, anular-se-á diante de qualquer outra criatura de personalidade mais forte e não saberá lutar contra o destino, que poderá ser um "castigo do papai do céu!"

Qualquer inclinação demonstrada pelo pequeno nativo de Peixes deverá ser estimulada e cultivada. Não faz mal que ele hoje queira ser musicista, amanhã jogador de futebol e, na semana seguinte, médico. Isso indica que ele tateia o seu ideal. Se encontrar apoio e incentivo e, sobretudo, se ninguém tentar incutir-lhe outras idéias, dizendo que, quando crescer, ele vai ser isto ou aquilo, ele provavelmente saberá escolher seu caminho mais cedo do que muitas crianças nascidas em outros signos.

Por influência de Peixes e Netuno, naturalmente só quando ocorrem maus aspectos no céu astrológico natal acontecem muitos desvios da função sexual. Os motivos, provavelmente psíquicos ou nervosos, podem resultar de uma educação imprópria ou da dominação excessiva de um adulto; por pena, admiração ou medo, a criatura procurará anular suas funções sexuais ou buscará refúgio no outro sexo, imaginando-o mais protegido ou favorecido do que no seu.

O TRIÂNGULO DE ÁGUA

O elemento água se manifesta em três signos: CÂNCER — ESCORPIÃO — PEIXES. Sua polaridade é feminina e sua natureza é fluente, interpenetrante e plástica. Sua essência, naturalmente, é única, mas em cada um desses três signos ela sofre grandes modificações, de acordo com as seguintes influências:

- situação zodiacal do signo, como Casa *angular*, *sucedente* ou *cadente*, na qual se manifestará como o agente que impulsiona, que realiza ou que aplica;
- sua correspondência com as leis cósmicas de equilíbrio, em conformidade com as três modalidades de ritmo: *impulso*, *estabilidade* e *mutabilidade*.

De acordo com a vibração própria de cada signo é fácil saber se o nativo irá viver e agir norteado por suas emoções, por suas sensações ou por seu raciocínio. Isto nos é revelado pela palavra-chave de cada signo. Na triplicidade de água as palavras-chave são as seguintes: Câncer, IMPRESSIONABILIDADE — Escorpião, RENOVAÇÃO — Peixes, INSPIRAÇÃO. Unindo-se estas palavras às determinações proporcionadas pela colocação do signo dentro do zodíaco e por sua modalidade rítmica podemos, então, definir, de modo mais completo, o triângulo da água.

Signo		Palavra-chave
Câncer	Ação / Sensação / Impulso	Impressionabilidade
Escorpião	Realização / Razão / Estabilidade	Renovação
Peixes	Aplicação / Emoção / Mutabilidade	Inspiração

A água, como elemento comum a esses três signos, liga-os intimamente e o pisciano, além da influência de Peixes e de seu regente, Netuno, recebe, também, as vibrações de Câncer e de Escorpião e de seus respectivos senhores, Lua e Marte. Os nativos de Peixes absorvem estas vibrações de acordo com a data de seu nascimento. Netuno domina sobre todo o signo de Peixes, mas tem força especial durante os primeiros dez dos trinta dias que correspondem a este signo; a Lua tem influência participante nos dez dias seguintes e Marte colabora na regência dos dez dias finais. Dessa forma, os piscianos podem ser divididos em três tipos distintos, que são os seguintes:

Tipo PISCIANO–NETUNIANO
nascido entre 20 e 28 de fevereiro*

Tipo PISCIANO–LUNAR
nascido entre 1º e 10 de março

Tipo PISCIANO–MARCIANO
nascido entre 11 e 20 de março

Durante todos os dias que integram o período que vai de 20 de fevereiro a 20 de março, a influência da água é extremamente poderosa. Em todos esses dias Peixes é a constelação que se levanta com o Sol, ao amanhecer; oito horas mais tarde Câncer surge no horizonte e, decorrido igual espaço de tempo, chega a vez de Escorpião. Dividindo-se, então, o dia em três períodos iguais, vemos que os três tipos piscianos se transfor-

---

* Nos anos bissextos, o dia 29 de fevereiro cai neste decanato.

mam em nove, diante a combinação da hora e da data do nascimento. Estudando esses nove tipos, ou nove faces de Peixes, podemos interpretar com mais acerto a inteligente e sensível personalidade dos piscianos.

AS NOVE FACES DE PEIXES

Tipo Pisciano–Netuniano

Data de nascimento: entre 20 e 28 de fevereiro

Qualidades: inspiração, sensibilidade, inteligência
Vícios: timidez, passividade, perversão

Hora natal: entre 6h e 13h59m

Os piscianos nascidos nos primeiros dez dias deste signo e no primeiro período de oito horas são os que apresentam com maior intensidade todas as qualidades e debilidades de Peixes. São sensíveis, impressionáveis, místicos, afetivos e dedicados. Tem um sistema nervoso bastante delicado, são extremamente psíquicos e recebem fortemente as impressões, agradáveis ou desagradáveis, de todos os ambientes, pessoas e objetos.

Todas as carreiras, científicas, intelectuais e artísticas, estão abertas para estes nativos, que reúnem, à sua grande inteligência e intuição muito desenvolvida, uma extraordinária capacidade criadora. Geralmente lhes falta energia para materializar suas idéias, mas se procurarem desenvolver essa qualidade, tudo terão para obter sucesso em seus empreendimentos.

Hora natal: entre 14h e 21h59m

Imaginação fértil, capaz das mais belas fantasias, impressionabilidade, poder criador, dons intuitivos e desenvolvida inteligência são as qualidades peculiares a estes nativos, aliadas a uma natureza bondosa, afetiva e alegre. Quando possuem uma vontade mais débil, esses piscianos facilmente caem na armadilha dos pseudo-entendidos em espiritualismo ou hermetismo, pois sentem forte inclinação para todos os assuntos ligados à sobrevivência da alma e ao mundo sobrenatural.

Esses piscianos costumam ser muito apegados à sua família, aos seus amigos e a tudo o que lhes pertence. São extremamente suscetíveis e se magoam ante a menor palavra de censura ou crítica. Quando negativos, são maliciosos, intrigantes e tagarelas ao extremo, falando tanto de sua vida como da vida alheia.

Hora natal: entre 22h e 5h59m

Os nativos deste momento cósmico têm uma natureza mais enérgica e agressiva do que a que possuem os piscianos nascidos nos dois períodos anteriores. As influências cósmicas deste período dão mais ambição e positividade aos que aqui têm seu momento natal, mas, também, dão-lhes uma personalidade mais instável, sujeita a freqüentes oscilações.

Esses piscianos, embora mais enérgicos, têm as mesmas características de sensibilidade e impressionabilidade dos demais. São afetivos e carinhosos, mas também são ciumentos e absorventes e podem apresentar um temperamento instável, mostrando-se ora rebeldes, ora submissos. Como todos os piscianos, são inteligentes e quando sabem utilizar as próprias qualidades, seu êxito é certo e rápido. Quando negativos, são rancorosos, vingativos e não perdoam as menores ofensas.

Tipo Pisciano–Lunar

Data de nascimento: entre 1º e 10 de março

Qualidades: impressionabilidade, sensibilidade, inteligência
Vícios: timidez, malícia, perversão

Hora natal: entre 6h e 13h59m

Os piscianos pertencentes a este momento cósmico são fraternos, amáveis e bondosos e não é raro que, mesmo podendo vencer em atividades mais agradáveis, dediquem-se a trabalhos abnegados, tais como cuidar de doentes e proteger desfavorecidos. Sentem imensa necessidade de cooperar e auxiliar os seus semelhantes e, quando superiores, possuem raros dons de compreensão e generosidade.

Imaginação, inteligência e capacidade criadora são dotes comuns a estes nativos; freqüentemente porém, esses dotes ficam esquecidos e não são cultivados, preferindo estes piscianos dedicar-se aos que amam e aos que dele necessitam, em vez de lutar por uma posição brilhante ou por uma carreira que lhes traga fortuna e prestígio. Quando negativos, estes tipos ou são inertes e preguiçosos ou são tagarelas, maliciosos e intrigantes.

Hora natal: entre 14 e 21h59m

Os nativos deste momento cósmico são muito apegados à família, aos amigos, às suas idéias e aos seus bens. São conservadores, ordeiros e pacíficos e preferem sofrer prejuízos a brigar ou discutir para defender seus direitos. Podem possuir desenvolvido instinto comercial e não lhes será difícil fazer fortuna se quiserem mostrar-se enérgicos e combativos. Na literatura ou na arte também poderão obter sucesso, pois unem uma grande sensibilidade e um raro poder de criação e interpretação ao dom de fazer exatamente aquilo que o público deseja apreciar.

Esses piscianos, quando superiores, são muito úteis à sociedade, mas quando inferiores são extremamente maléficos. Intrigantes, maliciosos e perversos, só se sentem felizes quando conseguem espalhar a dúvida e a discórdia.

Hora natal: entre 22h e 5h59m

Este momento cósmico determina o nascimento de piscianos de natureza bastante instável e complexa, feita de alternativas de entusiasmo e indiferença, atividade e inércia. Enquanto essas oscilações não forem combatidas, estes nativos nada realizarão de muito útil e nem conseguirão aproveitar as poderosas qualidades que seu signo lhes confere.

Estes piscianos possuem menos sensibilidade do que os tipos analisados anteriormente, mas, assim mesmo, são bastante intuitivos e psíquicos, podendo ter extraordinário êxito se se dedicarem aos estudos herméticos, principalmente à Astrologia. Quando possuem uma natureza inferior, esses nativos são coléricos, violentos e vingativos, mas sabem dissimular essas características sob uma máscara de passividade e submissão.

Tipo Pisciano–Marciano

Data de nascimento: entre 11 e 20 de março

Qualidades: sensibilidade, poder criador, inteligência
Vícios: egoísmo, perversão, sensualidade

Hora natal: entre 6h e 13h59m

Os piscianos que nascem nos últimos dez dias de Peixes têm um temperamento mais objetivo, enérgico e inquieto do que os que pertencem aos dois decanatos anteriores. Este período tanto pode produzir criaturas frívolas, sociáveis e volúveis, sempre preocupadas com os pequenos acontecimentos de sua vida diária e sempre presas aos problemas, questões e falatórios de seus parentes, amigos e vizinhos e sempre oscilando entre um desejo e outro, como, também, produzir tipos positivos, de natureza ardente, ambiciosa e realizadora.

Os primeiros nada farão de muito útil, pois gastarão suas energias em coisas de pouco valor, mas os últimos poderão criar e concretizar obras extraordinárias, nada lhes faltando para materializar seus desejos mais audaciosos.

Hora natal: entre 14h e 21h59m

Os piscianos pertencentes a este momento cósmico são dotados da mesma energia dos nativos do período anterior, mas são menos entusiastas e ardentes. O nativo de Peixes é capaz até mesmo de abandonar sua família por um ideal; no entanto os que nascem nesse período colocam os seres amados acima de todas as outras coisas. São amorosos, carinhosos e dedicados e nada fazem que possa trazer aborrecimento ou prejuízo aos que dependem deles.

Este período reforça a imaginação criadora e dá maior poder de concentração aos seus nativos. Por essa razão, eles conseguem realizar seus objetivos com um esforço menor do que o despendido por seus irmãos de signo. Possuem, também, grande habilidade para negociar, comprar ou vender e poderão fazer fortuna se se dedicarem a uma atividade que lhes dê oportunidade para utilizar essa habilidade.

Hora natal: entre 22h e 5h59m

Aqui nascem piscianos dominadores, autoritários e orgulhosos, com uma personalidade mais semelhante àquela que é dada pelo signo do Escorpião do que a que é proporcionada por Peixes. São tipos muito inteligentes, bastante sensíveis e muito objetivos, práticos e enérgicos. São menos crédulos que seus irmãos de signo e é difícil enganá-los ou abusar da sua boa fé.

A coragem e a ambição quase sempre acompanham estes piscianos, que sabem lutar pela realização de seus desejos e não se deixam atemorizar pelos obstáculos que encontram ou pelos adversários que tentam impedir seu progresso. Esses nativos, quando inferiores, são extremamente egoístas e desmentem as qualidades de bondade e generosidade próprias de Peixes; inafetivos e indiferentes, pouco se importam com os que os rodeiam e só pensam em sua própria pessoa.

PEIXES E O ZODÍACO

Harmonias e desarmonias no plano das relações de amizade, de amor e de negócios entre os nascidos no signo de Peixes e os nascidos em outros signos.

Nenhum ser humano vive protegido por uma campânula de vidro, livre do contato direto com seus semelhantes. No lar, na convivência com amigos ou no trato dos negócios, estamos constantemente agindo em paralelo com inúmeras pessoas; algumas nos agradam porque têm um temperamento igual ao nosso ou porque nossas predileções são idênticas; outras não nos são simpáticas porque representam o oposto do que somos ou do que desejaríamos ser. Devemos aprender a conhecer nossos irmãos zodiacais e apreciar suas qualidades. Observando-os, poderemos, então, saber se aquilo que nele existe e que nos parece ruim, talvez seja melhor do que o que existe em nós. Assim, o que seria motivo para antagonismos passa a atuar como fator de complementação e aperfeiçoamento.

Dentro da imensidão de estrelas que povoam a galáxia chamada Via-Láctea, nosso Sol é um modesto astro de quinta grandeza, que se desloca vertiginosamente rumo a um ponto ignorado do Universo, carregando consigo seus pequeninos planetas e respectivos satélites; dentro, porém, do conceito igualitário do Criador, esse diminuto Sol e a insignificante Terra, com seus ainda mais insignificantes habitantes, têm uma importância tão grande quanto o incomensurável conjunto de nebulosas e seus bilhões de estrelas.

Somos átomos de pó, comparados com as galáxias e as estrelas, mas cada um de nós é um indivíduo que vive e luta. Para nós, nossos próprios desejos, aspirações, predileções, antipatias e simpatias têm uma magnitude infinita. Temos de enfrentar problemas dos quais dependem nossa felicidade e nosso sucesso e para resolvê-los precisamos, quase sempre, entrar em contato com muitas outras pessoas nascidas em signos diferentes do nosso.

Amor, amizade e negócios são os três ângulos que nos obrigam à convivência com outros tipos astrológicos. Analisando-os, estudaremos o sensível signo de Peixes em relação aos demais setores do zodíaco. Conhecendo as qualidades, positivas e negativas, dos nativos dos outros signos, o pisciano poderá encontrar a melhor fórmula para uma vivência feliz, harmônica e produtiva.

PEIXES–ÁRIES. Áries, o Carneiro, é um planeta de fogo e seu regente é Marte, inimigo de Netuno. Sua constituição é quente e seca, sua polaridade é positiva e sua constante rítmica é impulsiva. Os arianos são dominadores, entusiastas, audaciosos e enérgicos. Possuem grande vitalidade e grande força magnética. Agem dominados por impulsos, benéficos ou maléficos, de idealismo ou egoísmo, ódio ou amor. Não raro são muito inconstantes, pois sua vibrante personalidade os impede de concentrar a atenção ou a energia, por muito tempo, num só objetivo. São criadores geniais, têm uma grande capacidade para organizar e comandar, mas falta-lhes paciência, método e constância para dar bom fim aos seus empreendimentos.

O ariano sempre procura quem o complemente, quem realize o trabalho substancial de construção e aperfeiçoamento e dificilmente sabe agir sozinho. A despeito das diferenças cósmicas existentes entre Áries e Peixes, pois este pertence ao elemento água, tem uma constituição frio-úmida e sua polaridade é passiva, o ariano sempre gosta de ter um pisciano ao seu lado, apreciando tanto a sua natureza gentil, como seu espírito de cooperação e a dedicação que coloca em seu trabalho. É prudente entender que a companhia do pisciano é boa para o ariano, mas a deste será perigosa para o nativo de Peixes que, se não souber reagir, será completamente dominado.

Os nativos de Áries não apreciam a covardia, a fraqueza e o temor. São bondosos, mas também são orgulhosos e só concedem um favor quando este é pedido em termos respeitosos.

Amor — A união com um nativo de Áries só trará felicidade ao pisciano quando este se afeiçoar a uma criatura superior, que não tente anular-lhe a personalidade escravizando-o e fazendo predominar a sua vontade. Áries ocupa importante posição no céu astrológico dos nativos de Peixes e o casamento com um ariano poderá trazer grande fortuna ao pisciano, mas este, com sua natureza afetiva, sensível e amante da paz e da harmonia, dificilmente terá tranqüilidade ao lado do turbulento, impulsivo e às vezes inconstante nativo do Carneiro.

Os piscianos nascidos entre 11 e 20 de março, decanato que recebe a influência participante de Marte, têm um temperamento mais ativo e independente do que o dos seus irmãos de signo. Estes nativos terão maiores possibilidades de conviver com os arianos sem que eles os dominem, mas, em compensação, o casamento será perturbado por um número razoável de brigas.

Amizade — o nativo de Áries faz amigos com muita facilidade e tem um largo círculo de relações, mas na amizade, age como nos demais pontos de sua vida, começa com enorme interesse e subitamente esquece tudo, voltando a atenção para outra novidade qualquer. Não obstante, é amigo generoso e está sempre pronto a auxiliar quando um companheiro necessita dele. Como o signo de Carneiro dá aos arianos facilidade para manter relações com pessoas de importância, por intermédio deles o pisciano entrará em contato com criaturas que poderão ajudá-lo a realizar seus projetos.

O nativo de Peixes deverá sempre evitar a companhia dos arianos inferiores que, a despeito de suas más qualidades, possuem personalidade forte; o pisciano poderá se ver dominado por eles e levado a praticar certos atos dos quais depois muito se arrependerá e que lhe trarão graves prejuízos, tanto morais como financeiros.

Negócios — O ariano é entusiasta e impulsivo. Vive sempre cheio de idéias brilhantes, mas raramente tem paciência para arquitetar planos seguros antes de iniciar seus empreendimentos. É também bastante volúvel, e se um outro negócio passa diante de seus olhos, ele se desinteressa da empresa que tem em mãos e sai no encalço da novidade. O pisciano, quando se associar a um nativo de Áries, deverá procurar um tipo equilibrado e objetivo, caso contrário poderá ver seu dinheiro mal gasto em negócios fantásticos, ou então se verá abandonado no meio do caminho.

Em certos casos, o nativo de Peixes poderá ficar com todo o trabalho duro em suas costas, pois o ariano gosta muito de mandar e sempre prefere ver os outros trabalharem enquanto ele se encarrega das idéias. Sabendo agir com acerto, o pisciano poderá ter êxito em todos os negócios que fizer com os nativos de Áries, desde que estes sejam criaturas positivas.

PEIXES–TOURO. Os signos de terra sempre têm maior afinidade com os signos que pertencem ao elemento água do que com os de fogo ou ar. Touro é um signo de terra, de constituição frio-seca, ao passo que o signo de Peixes tem uma constituição frio-úmida. O frio, qualidade comum a ambos, determina harmonia estrutural e a umidade da água suaviza a força construtora do elemento terra, dando-lhe permeabilidade. Cosmicamente, a associação terra-água está enquadrada nos planos material e astral e representa o mundo da forma.

Sendo um signo de terra, Touro tem uma vibração poderosa, que cristaliza, condensa, limita e age no sentido de conservar a estrutura e a forma. Por essas condições são lentos, metódicos, prudentes, objetivos e ambiciosos. Os taurinos são muito apegados à família e aos seus bens materiais. Raramente transgridem as leis porque sabem que elas representam a segurança das pessoas que amam e de sua fortuna. São inteligentes, bondosos, sociáveis e também teimosos, rancorosos e vingativos quando têm uma evolução menor.

O regente de Touro, Vênus, é a irmã cósmica de Netuno, o que vem trazer possibilidade de uma convivência muito harmoniosa entre os nativos destes dois signos. O pisciano, todavia, deve precaver-se contra os taurinos inferiores que às vezes são sensuais, depravados, egoístas e desapaixonados e outras vezes são maliciosos e desonestos.

O taurino é afetivo e sensível. Quem precisar do seu auxílio não terá que esperar muito para ser atendido. Cuidado, porém, com os tipos negativos, que sempre tiram muito mais proveito do que dão.

Amor — Entre os signos de Terra, Touro talvez seja o que tem maior harmonia com Peixes, o que vem prometer, para taurinos e piscianos, muita felicidade no amor. Esses dois tipos astrológicos comungam nos ideais de paz, tranquilidade e segurança e a vida entre ambos poderá ser tranquila e produtiva. É bom saber que o taurino é ciumento e o pisciano deverá evitar qualquer atitude menos correta para com o outro sexo, porque a cólera do nativo de Touro é lenta, mas explode repentinamente.

Os casamentos entre nativos destes dois signos podem ser muito férteis, porque Touro e Peixes são signos de grande fecundidade. Quando os aspectos planetários de ambos os cônjuges não favorecem a descendência, assim mesmo o casal tanto poderá adotar crianças estranhas como poderá ter a casa sempre cheia·de parentes, afilhados, amigos e protegidos.

Amizade — Os aspectos referentes às relações fraternas, entre piscianos e taurinos, são também dos mais favoráveis. Tanto uns como outros gostam de companhia, são hospitaleiros, sinceros e afetivos e assim, entre ambos, poderão acontecer amizades profundas, agradáveis e duradouras.

Para as amizades, os melhores aspectos se observam quando os piscianos nascidos entre 20 e 28 de fevereiro se aproximam de taurinos que têm sua data natal entre 21 e 29 de abril; estes períodos, de Peixes e de Touro, têm a influência pura dos governantes dos dois signos, Netuno e Vênus, respectivamente, o que determina grande harmonia entre seus nativos.

O pisciano não deverá dar intimidade e nem conviver constantemente com taurinos inferiores, que quase sempre são de moral depravada; arrastado por eles, o nativo de Peixes será conduzido para uma vida irregular que lhe afetará tanto a saúde quanto a reputação.

Negócios — A timidez e a demasiada prudência são debilidades que às vezes prejudicam muito certos taurinos, que têm receio de competir em campo aberto, ou então, levam tanto tempo estudando um negócio que quando resolvem agir já é tarde demais. O pisciano é tímido e cauteloso e quando se associar a um taurino possuidor de iguais características, o fracasso será inevitável. Quando, porém, escolher um tipo objetivo, ambicioso e audacioso, a sociedade entre ambos poderá prometer excepcional sucesso.

Nessas associações, estes nativos deverão ter o cuidado de escolher uma profissão que seja favorecida por Touro e Peixes e também por Vênus e Netuno, caso contrário o progresso será muito lento. Todos os papéis e documentos relativos a qualquer negócio feito entre ambos deverão ser cuidadosamente verificados, pois poderão trazer alguns aborrecimentos e até mesmo alguns prejuízos sérios.

PEIXES–GÊMEOS. Gêmeos é um signo de ar e seu regente é Mercúrio, que não se harmoniza com Netuno. O elemento ar tem uma natureza expansiva e uma vibração inquieta e poderosa, tornando seus nativos independentes, curiosos, sensíveis e incapacitando-os a obedecer ordens, seguir docilmente os costumes de seus semelhantes ou sujeitar-se às leis comuns. Gêmeos representa a inteligência e com seu duplo símbolo, a figura dos dois gêmeos, indica o homem divino e o homem mortal e a luta entre o espírito e a matéria.

Os geminianos são inconstantes, buliçosos e evasivos como o metal que leva o nome do seu planeta regente, Mercúrio. São inimigos de tudo quanto possa limitar suas atividades ou seus pensamentos e nunca se deixam prender por muito tempo, seja por amor, seja por interesse. Para os piscianos, a companhia dos geminianos superiores poderá ser muito útil, pois absorverão muito da poderosa energia mental que deles emana. É bom saber, contudo, que tanto Peixes como Gêmeos dão extrema sensibilidade nervosa aos seus nativos, podendo conduzi-los a graves crises depressivas e, nessas ocasiões, o pisciano deverá evitar o geminiano se não quiser ser contagiado por sua melancolia. Deverá evitar, também, os tipos inferiores dos Gêmeos, que são intrigantes, desonestos e sempre acabam por abusar da confiança dos amigos.

Quem precisar do auxílio de um geminiano deverá esperar um momento favorável para falar com ele; ele tanto é generoso como indiferente e, dependendo de seu estado de ânimo, pode conceder ou negar o seu apoio.

Amor — Gêmeos é um signo que quase sempre coloca, no destino de seus nativos, a promessa de uma separação ou de uma vida amorosa irregular. Peixes também, com certa freqüência, determina quebra dos laços matrimoniais e assim a união entre nativos desses dois signos deverá ser estabelecida sobre bases bem sólidas para que tenha um caráter permanente. Casando-se com um geminiano superior, o pisciano poderá ser muito feliz, mas quando se unir a um tipo inferior verá seu casamento desfeito, terá aborrecimentos com a família e ainda sofrerá prejuízos financeiros bastante graves.

Para os nativos de Peixes nascidos entre 1º e 10 de março as promessas de uma vida feliz são bem mais pronunciadas do que para os demais nativos deste signo, que só terão maior harmonia conjugal quando se afeiçoarem a alguém nascido entre 30 de maio e 8 de junho; este decanato dos Gêmeos tem a regência participante de Vênus, que se harmoniza bem com Netuno.

Amizade — As relações fraternas que possam ser estabelecidas entre nativos de Gêmeos e de Peixes oferecem aspectos bem mais favoráveis do que o matrimônio. Isto acontece porque o geminiano é muito independente e não gosta de se ver amarrado a laços ou compromissos.

O nativo de Gêmeos às vezes se introverte e se torna pouco comunicativo. Essas crises, porém, são passageiras e em seu estado normal ele é excelente companheiro, sempre alegre e disposto a todas as aventuras. Não sabe viver sem amigos e tanto está disposto a dançar como a passear ou então a exercitar sua inteligência num trabalho difícil ou mergulhar numa conversa erudita e profunda. Independente e inquieto, será ótima companhia para o pisciano e o ensinará a ser menos formal e mais audacioso e dinâmico.

Mercúrio e Netuno não se harmonizam. Para os piscianos, os melhores amigos de Gêmeos são os nascidos entre 30 de maio e 8 de junho; estes dez dias recebem a influência de Vênus, o planeta do amor e da cooperação.

Negócios — Mercúrio dá aos seus protegidos grande esperteza e excepcional habilidade para negócios, especialmente aqueles que exigem trato direto com o público. Associando-se a um geminiano positivo, o pisciano poderá ter grande sucesso em suas empresas, mas é preciso que seja escolhida uma atividade própria a ambos os signos e seus respectivos regentes. O pisciano tem capacidade para realizar qualquer trabalho, mas o geminiano só faz o que gosta e quando a atividade não combinar com sua personalidade ele acabará se retirando e deixando o nativo de Peixes sozinho.

Os nativos de Gêmeos não procuram dominar ninguém, mas têm um jeitinho muito especial de fazer com que os outros atendam seus desejos; o pisciano poderá se harmonizar muito bem como seu sócio, mas deverá ter cuidado se não quiser ver todo o trabalho duro em suas mãos, enquanto o geminiano faz as tarefas mais leves e agradáveis.

PEIXES–CÂNCER. Os Peixes e o Caranguejo pertencem ao mesmo elemento, a água, mas o canceriano é uma criatura mais adaptada à vida material do que o pisciano. Enquanto dois peixes servem de símbolo a Peixes, o selo de Câncer é um caranguejo, animalzinho anfíbio que tanto gosta de mergulhar nas águas frias e procurar sombrios recantos entre as pedras submersas, como aprecia aquecer-se ao calor do Sol e passear na areia da praia. Este animal, que pode viver em dois elementos, na terra é canhestro, deselegante e não tem grandes possibilidades de ataque e defesa, mas na água é ágil e pode ferir com surpreendente rapidez.

Os cancerianos, embora tímidos, são um pouco passivos, como o caranguejo fora d'água; eles têm mais ambição, determinação e objetividade que os piscianos e quando se trata de defender seus direitos têm uma agressividade, combatividade e energia raramente demonstradas pelos nativos de Peixes. Entre estes dois tipos astrológicos poderá existir muita harmonia, não só material como espiritual; essa harmonia é determinada não só pela natureza cósmica de ambos como, também, pela afinidade que Netuno tem com a Lua, regente do Caranguejo. Câncer, da mesma forma que Peixes, dá sensibilidade, impressionabilidade, imaginação criadora e afetividade, mas é bom saber que seus raios, quando negativos, são muito perigosos e ferem sem piedade, como o Caranguejo.

Os cancerianos são muito fraternos e não negam seu auxílio a ninguém. Atendem qualquer pedido que lhes seja feito, desde que este não interfira com sua vida particular, da qual são muito ciumentos.

Amor — No zodíaco fixo, intelectual, Câncer governa a mais importante das instituições, pois representa a Casa da família. O canceriano só se sente feliz quando tem seu lar, seu cônjuge e seus filhos e, com raras exceções, é fiel, dedicado, carinhoso e constante: o pisciano encontrará nele o cônjuge ideal, pois além da semelhança de temperamentos ainda existirá, para uni-los, a boa harmonia entre Netuno e a Lua.

Tanto Câncer como Peixes determinam passividade e é bom saber que quando cancerianos e piscianos de pouca energia e vontade débil se unirem, a vida de ambos será sempre governada por influências estranhas e a fortuna será medíocre. Em virtude da fertilidade destes dois signos, estes matrimônios poderão prometer muitos filhos e quando o pisciano se afeiçoar a um tipo positivo de Câncer, além de grande descendência, estarão sempre unidos em todas as circunstâncias agradáveis e desagradáveis.

Amizade — O canceriano é hospitaleiro, amável, sociável e afetivo. Sempre recebe com reserva os desconhecidos que dele se aproximam, mas uma vez que as pessoas saibam conquistar-lhe a confiança, ele é amigo constante, sincero e está sempre presente em todas as horas, agradáveis e desagradáveis.

Tanto Caranguejo como Peixes determinam sensibilidade, religiosidade e misticismo e desenvolvem os sentidos interiores. Piscianos e cancerianos podem possuir elevado psiquismo e desenvolver excepcionais qualidades mediúnicas. Neles é grande a inclinação para tudo quanto se relaciona com o espiritualismo, o ocultismo, etc., e a amizade entre ambos poderá conduzir a pesquisas nesses setores, com resultados verdadeiramente notáveis.

Um falso amigo é mais perigoso do que um poderoso inimigo; o pisciano deverá precaver-se contra os cancerianos inferiores, que são maliciosos, intrigantes e traiçoeiros.

Negócios — Nos negócios, o pisciano só terá sorte se for enérgico, ambicioso e combativo, o mesmo acontecendo com o canceriano. Peixes e Câncer podem dar extraordinária popularidade a seus nativos, prometendo-lhes, ainda, riqueza e alegria; sempre, porém, as condições necessárias para a vitória serão a coragem e a ação positiva e enérgica.

Para que o êxito seja mais rápido, estes nativos deverão escolher uma atividade favorável a ambos, isto é, protegida por Peixes e Câncer e também pelos regentes de ambos, Netuno e Lua. Será indispensável, ainda, que o pisciano se associe a um canceriano superior, pois os nativos de Câncer quando negativos são desonestos ao extremo.

As melhores associações, ou negócios, acontecerão quando os piscianos se unirem a cancerianos nascidos entre 21 de junho e 3 de julho, decanato governado pela Lua, que é excelente comerciante.

PEIXES–LEÃO. O signo do Leão pertence ao elemento fogo e é trono zodiacal do Sol, o planeta que distribui generosamente vitalidade e energia a todos os tipos astrológicos. Dentro dos limites deste signo, tudo é exuberante, luminoso, alegre, luxuoso, refinado e agradável. Os leoninos são tipos magnéticos e encantadores, que não sabem viver com moderação e que esbanjam saúde, alegria e dinheiro com a mesma prodigalidade com que o Sol distribui sua luz e seu calor.

A tendência, no nativo de Leão, é dominar e proteger, e os piscianos, quando tiverem uma natureza mais passiva, poderão ser completamente absorvidos e despersonalizados pelos magnéticos e vibrantes leoninos. Por outro lado, a companhia destes tipos astrológicos, quando superiores, sempre lhes será imensamente útil, não só psíquica como materialmente. Os nativos de Leão, da mesma forma que os sagitarianos, têm o maravilhoso dom de transmitir vitalidade, coragem e energia, e o pisciano, que sempre precisa de estímulos positivos para transformar suas idéias em realidade, será muito beneficiado por eles.

É sempre importante evitar os tipos inferiores, pertencentes a qualquer signo do zodíaco, especialmente quando têm uma personalidade poderosa. O leonino, neste caso, poderá dominar completamente o pisciano, obrigando-o a praticar atos dos quais se arrependerá mais tarde.

O nativo de Leão é generoso e amável, mas condena a mentira, a intriga e a fraude; por essa razão, só obterão sua ajuda aqueles que agirem com honestidade e sinceridade.

Amor — O Sol, regente de Leão, não se harmoniza bem com Netuno, mas leoninos e piscianos, quando superiores, dominarão perfeitamente as incompatibilidades de seus regentes e poderão ter uma vida muito feliz. É, porém, importante que o pisciano saiba que o leonino jamais se adaptará aos seus pontos de vista, ele será, pois, obrigado a moldar sua vida de acordo com os desejos de seu cônjuge.

Estes matrimônios, mesmo quando muito felizes, poderão ser perturbados e até desfeitos por intrigas de empregados ou pessoas de condição social inferior, devendo o pisciano selecionar as criaturas que admite em sua casa e jamais permitir a interferência de estranhos em sua vida íntima.

As uniões mais harmônicas poderão acontecer quando os nativos de Peixes se afeiçoarem a alguém nascido entre 3 e 12 de agosto; estes dez dias do Leão recebem a influência de Júpiter, que tem muita afinidade com Netuno.

Amizade — O leonino é expansivo, generoso e extremamente comunicativo e amável. Faz amigos com facilidade, gosta da vida social e seu maior fantasma é a solidão. Vive sempre rodeado de pessoas nas quais, a maior parte das vezes sem fundamento, descobre valiosas qualidades e está sempre pronto a estimular, ajudar e apoiar seus amigos.

O pisciano encontrará nele um excelente companheiro, que o ajudará a se libertar de sua timidez e que o porá em contato com pessoas de influência e fortuna. Deverá, contudo, manter sua independência, pois se demonstrar muita passividade o leonino o escravizará, impondo-lhe suas idéias e desejos.

O signo do Leão dá esplêndidas qualidades aos seus nativos, mas seus raios, quando negativos, determinam orgulho, prepotência, egoísmo, vaidade e frieza; convivendo com estes tipos o pisciano terá de submeter-se a todas as suas vontades, que nem sempre são benéficas.

Negócios — Os leoninos gostam de criar, realizar, mandar e organizar, mas apreciam o trabalho duro e constante. Associando-se a um leonino menos evoluído, se não souber fazer valer seus direitos, o pisciano trabalhará sem descanso e será mais um empregado do que um sócio.

Leão e seu regente, o Sol, dão extraordinária fortuna aos seus nativos e, juntando-se a eles, o pisciano poderá absorver muito de sua sorte. É importante, porém, como acontece nas associações com os demais tipos astrológicos, que seja escolhida uma atividade favorável a ambos os signos e seus respectivos regentes. É importante, também, conforme já foi dito acima, que o pisciano saiba fazer valer seus direitos e não se submeta ao domínio do seu sócio.

Para as associações comerciais, os aspectos mais harmoniosos também se verificam quando o pisciano se une a um leonino nascido entre 3 e 12 de agosto, decanato que tem a benéfica influência de Júpiter.

PEIXES–VIRGEM. Virgem é um signo de terra, de constituição frio-seca e de ritmo mutável, como o de Peixes. Seu regente é o ágil Mercúrio, cujos raios não se harmonizam com as vibrações de Netuno. Mercúrio é um planeta aéreo, sensível, inquieto e vibrante, mas no signo de Virgem, embora ganhe em profundidade, perde muito em brilho, sendo limitado pela poderosa ação coesiva e constritora do elemento terra.

Os virginianos também são muito evoluídos e pelas determinações cósmicas de seu nascimento também possuem uma tarefa de complementação e sacrifício bastante árdua, idêntica à dos piscianos. Os tipos superiores de Virgem são extremamente inteligentes, reservados, modestos e concentrados e têm uma personalidade que impressiona por sua tranqüilidade e firmeza. Os tipos inferiores são muito perigosos; inquietos, instáveis, invejosos e maliciosos, lançam mão do mágico poder da palavra, proporcionado por Mercúrio, para corromper, difamar, intrigar e prejudicar seus semelhantes.

No horóscopo solar, fixo, dos nativos de Peixes, Virgem ocupa importante posição, regendo a Casa do matrimônio e das associações de toda espécie. Unindo-se a virginianos positivos, o pisciano será extremamente beneficiado; quando se associar a tipos inferiores poderá sofrer prejuízos muito graves.

Os virginianos acham que ajudar o próximo é um dever moral, mas quem precisar de seu auxílio deverá solicitá-lo com humildade, pois Virgem gosta de amparar os fracos, mas não aprecia os orgulhosos.

Amor — Como Virgem representa, para Peixes, a Casa do matrimônio, quando o pisciano se afeiçoar a um virginiano positivo poderá estar certo de ter escolhido a metade perfeita. É conveniente apontar, contudo, que Virgem também determina muita passividade; além de escolher alguém de elevadas qualidades morais e espirituais, o pisciano deverá também encontrar, no cônjuge, combatividade e ambição, se não quiser ter uma vida modesta e obscura, embora feliz.

Peixes e Virgem podem marcar, no destino de seus nativos, o risco de uma separação. Unindo-se a um virginiano positivo isso não acontecerá, mas se der sua afeição a um elemento negativo o pisciano seguramente verá seu matrimônio desfeito. As possibilidades de um casamento feliz serão mais pronunciadas quando o nativo de Peixes afeiçoar-se a alguém nascido no terceiro decanato de Virgem, entre 12 e 22 de setembro.

Amizade — Para as relações fraternas estabelecidas entre nativos destes dois signos, os prognósticos também são bastante favoráveis. Os virginianos superiores são calmos, tranqüilos, seguros e determinados, sabem muito bem aquilo que querem e qual o melhor modo de concretizar seus desejos. São amigos sinceros e o pisciano, além de absorver muito de sua personalidade firme e objetiva, também encontrará, neles, suporte moral, incentivo e compreensão.

De todos os tipos negativos do zodíaco, o virginiano talvez seja o que maiores prejuízos poderá causar ao nativo de Peixes. Os raios inferiores de Virgem determinam depravação, maldade, frieza, malícia, egoísmo; sua ação é traiçoeira e seu objetivo é perverter e destruir. Com sua excessiva sensibilidade e sua natureza impressionável, o pisciano poderá sofrer danos irremediáveis, caso se deixe dominar por eles.

Negócios — Mercúrio, o planeta da inteligência, costuma dar, aos seus nativos, muita habilidade para comerciar, um faro único para descobrir bons negócios e grande facilidade para lidar com o público.

Em virtude de sua boa fé, generosidade e idealismo, o pisciano, teoricamente, tem todas as qualidades para ser um mau comerciante. Não obstante, alguns nativos de Peixes conseguem sucesso nos negócios por saberem unir a esses dotes muita ambição e muita energia. Associando-se a virginianos positivos e absorvendo muito de sua sagacidade, as piscianos terão êxito em qualquer empreendimento, desde que ele seja favorecido por Peixes e Virgem e também por Netuno e Mercúrio.

Os piscianos que terão mais sorte nos negócios com virginianos são os nascidos entre 1º e 10 de março; este período dos Peixes recebe a influência da Lua que, além de ser boa comerciante, também se harmoniza com Mercúrio.

PEIXES–LIBRA. O signo de Libra pertence ao elemento ar e tem uma constituição quente-úmida. Seu regente é o irmão cósmico de Netuno, o planeta Vênus, que, nos domínios da Balança, perde muito de suas qualidades de deusa da fertilidade e do amor para mostrar-se com a serena e bela feição de Têmis, a deusa da Justiça.

Embora ar e água sejam elementos opostos, Vênus se exalta no místico signo de Peixes e sua afinidade com Netuno é das mais completas, o que vem estabelecer pronunciada harmonia entre librianos e piscianos. O temperamento destes dois tipos astrológicos é bem diferente; enquanto os librianos são emotivos, sensíveis e refinados, às vezes amorosos, às vezes sensuais, mas sempre exigentes e ciumentos, os piscianos, também emotivos e sensíveis, satisfazem-se com pouco e estão sempre mais dispostos a dar do que a exigir.

Libra é o signo onde o homem aprende a se associar com outros, a somar sua força com outras forças, a fim de conseguir um poder maior. Marcando o centro do zodíaco, a Balança faz com que a criatura deixe de existir isoladamente e deixe de ter sua existência limitada por sua família, suas propriedades e seus problemas pessoais e se associe a outras, passando a viver e agir em conjunto com seus semelhantes; é, portanto, em Libra, que o homem dá o primeiro passo para a fraternidade que só é alcançada em Peixes.

O libriano, apesar de justo e imparcial, sente grande indiferença pelos problemas alheios; aqueles que necessitarem de seu auxílio só serão atendidos quando seu pedido for muito justo.

Amor — O libriano é extremamente afetivo e não sabe viver sem amor e sem carinho. O pisciano, nesse ponto, tem grande semelhança com ele, está pronto para fazer os maiores sacrifícios em benefício da criatura amada. As uniões entre estes tipos astrológicos poderão ser muito felizes e fecundas, sendo que ambos os cônjuges poderão receber heranças ou legados que os ajudarão a construir sua fortuna.

O casamento sempre tem decisiva importância na vida do nativo de Peixes e quando, porventura, ele se unir a alguém de Libra, essa influência será ainda maior. Um libriano positivo poderá dar-lhe grande felicidade, mas um tipo inferior, além de lhe arruinar as finanças, poderá prejudicar sua saúde, conduzindo-o a estados depressivos de extrema gravidade. É importante, pois, que o nativo de Peixes dedique a sua afeição a uma criatura que realmente a mereça.

Amizade — O libriano aprecia as festas, os jantares, o agradável convívio de pessoas cultas, tem sempre necessidade de ter ao lado quem o compreenda e a companhia dos amigos lhe é indispensável; é, porém, muito exigente e, apesar de seu largo círculo de relações, só admite na intimidade aqueles que lhe merecem todo respeito, admiração e afeto.

Nos nativos de Libra, o pisciano encontrará excelentes amigos, que não só procurarão estimulá-lo e apoiá-lo como, também, saberão compreender sua natureza sensível e elevada. Assim como no matrimônio, é necessário que o nativo de Peixes se associe somente a elementos positivos, pois os librianos negativos poderão causar-lhe graves danos.

Para as amizades os melhores aspectos se observam quando os piscianos se aproximarem de librianos nascidos entre 23 de setembro e 1º de outubro e que recebem a influência pura de Vênus.

Negócios — O libriano tanto pode ser um artista, como um cientista, um literato, um filósofo ou um hábil comerciante. Em todas as suas atividades escolhe sempre aquelas que exigem menor esforço físico e maior atividade mental, pois os signos aéreos dão aversão aos trabalhos pesados. Associando-se a um nativo de Libra, se não souber escolher um tipo evoluído, o pisciano poderá se ver com todas as tarefas mais penosas em suas mãos, enquanto seu sócio libriano realiza as mais leves e agradáveis.

Escolhendo uma atividade favorável à Balança e aos Peixes, e também aos regentes desses dois signos, tanto os librianos como os piscianos poderão ter grande sucesso em seus negócios. É importante que saibam selecionar as pessoas que porventura tenham que contratar, pois essa sociedade poderá ser desfeita por intrigas ou calúnias de empregados ou indivíduos de condição social inferior.

PEIXES–ESCORPIÃO. O signo do Escorpião é um dos mais interessantes e estranhos setores zodiacais. Pertence ao elemento água, tem uma constituição frio-úmida e sua polaridade é passiva, possuindo, portanto, uma natureza cósmica idêntica à de Peixes. Seu regente, todavia, é Marte, um planeta ígneo, de polaridade positiva e de vibração violenta; isto quer dizer que Escorpião, ao receber a agressiva e transformadora irradiação marcial, assume aspectos enigmáticos e discordantes, onde o plácido elemento água se transforma num fervente mundo líquido e onde as características passivas se transformam em dinamismo, objetividade e combatividade.

Por estas condições, os escorpianos, que deveriam ter a natureza simples, imaginativa, impressionável, alegre e pacífica dos cancerianos e piscianos, revelam quase a mesma audácia e energia dos nativos do signo de Áries, que também é dominado por Marte. Desse modo, os nativos de Peixes, lidando com eles, devem cuidar-se para não serem absorvidos e dominados, ou para que não venham a sofrer os violentos raios de Marte que, quando negativos, são extremamente maléficos, agindo principalmente sobre a função sexual.

No zodíaco fixo, intelectual, Escorpião governa a Casa da morte, regendo a morte física e a degeneração espiritual; por sua sensibilidade psíquica e nervosa, os piscianos poderão ser maleficamente influenciados pelos escorpianos negativos.

O nativo de Escorpião, apesar de orgulhoso e dominador, sabe ser generoso. Não gosta, porém, de ser enganado e quem precisar de um favor seu, se quiser ser atendido, deverá usar de absoluta sinceridade.

Amor — Apesar de sua natureza agressiva, enérgica e violenta, o escorpiano, que pertence a um signo de ritmo fixo, é muito constante em suas afeições e uma vez que dá seu amor a alguém dificilmente engana, atraiçoa ou quebra sua palavra.

Casando-se com um nativo de Escorpião, de natureza superior, que saiba dominar seus impulsos autoritários e agressivos, o pisciano poderá ser muito feliz; sua união, ainda, poderá ser muito fecunda, tanto em filhos como em fortuna, pois o Escorpião é um signo fértil e tudo quanto se planta em seus domínios costuma frutificar generosamente.

As uniões mais harmoniosas acontecerão quando o pisciano afeiçoar-se a um escorpiano nascido entre 1º e 10 de novembro ou entre 11 e 21 de novembro; estes decanatos têm a regência participante de Netuno e da Lua, respectivamente, e suas vibrações são mais favoráveis para os nativos de Peixes.

Amizade — O escorpiano gosta de proteger aqueles a quem dedica afeição. Sente-se responsável pela felicidade das criaturas a quem ama, não só parentes como amigos, e sua afeição sempre é sincera e constante. Possui, contudo, uma natureza extremamente suscetível e se magoa com grande facilidade; quando isso acontece, deixa de ser um amigo prestativo e gentil e passa a ser inimigo perigoso. Nele o pisciano encontrará apoio e estímulo, mas deverá falar-lhe com cuidado e saber retribuir sua gentileza e afeição, caso contrário ganhará um adversário impiedoso.

Assim como os escorpianos positivos terão benéfica influência no destino destes nativos, os tipos inferiores do Escorpião poderão ser muito prejudiciais, devendo o pisciano evitar sua companhia. As promessas de uma amizade fecunda e agradável são maiores quando o nativo de Peixes tem seus amigos de Escorpião nascidos entre 1º e 10 de novembro e 11 e 20 do mesmo mês.

Negócios — As associações comerciais estabelecidas entre nativos destes dois signos poderão ter muito sucesso, desde que o pisciano procure se unir a um escorpiano positivo, que não tente dominá-lo e não tente transformá-lo, de sócio, em empregado.

Os nativos de Escorpião têm o dom, dado pela água, de saber quais as coisas que são mais do agrado do público. Quando os aspectos planetários são favoráveis, os escorpianos podem, também, possuir extrema habilidade comercial e muita sorte para ganhar dinheiro. Unindo-se a estes tipos, o pisciano poderá fazer fortuna e terá oportunidade de dar uma utilização prática a todas as suas valiosas qualidades.

Para os negócios, as melhores possibilidades se manifestam quando o pisciano se associa a um escorpiano nascido entre 11 e 21 de novembro, decanato que recebe a influência lunar, que é excelente para os negócios.

PEIXES–SAGITÁRIO. O signo de Sagitário tem como selo um centauro, que segura um arco e aponta uma flecha para o infinito. Misticamente, simboliza o homem que aspira fugir à sua condição material e deseja elevar-se aos planos superiores. É um signo pertencente ao elemento fogo e seu regente é Júpiter, o planeta da generosidade e do poder intelectual. As vibrações de Júpiter são muito benéficas e se harmonizam totalmente com os místicos e elevados raios de Netuno, o senhor dos Peixes.

Sagitário é o setor zodiacal que rege o direito, o poder, a religião, a lei, a ordem e a ética. A despeito dessas severas induções, é um signo de alegria, de boa vontade e de fraternidade e os sagitarianos são generosos, benevolentes, dominadores, entusiastas, exclusivistas, independentes e comodistas. Não apreciam o esforço físico, mas têm rara capacidade para comandar, dirigir, organizar e realizar. Estão sempre dispostos a auxiliar o próximo, gostam, porém, de ser obedecidos e respeitados. Temperam suas exigências com bondade e sabem recompensar as gentilezas que recebem e reconhecer as qualidades daqueles que com eles convivem.

Os piscianos poderão ser muito beneficiados com a companhia dos sagitarianos, mas deverão fugir dos tipos inferiores, se não quiserem ser dominados e escravizados por eles.

O nativo de Sagitário não nega, no entanto, auxílio a ninguém. Agrada-lhe ser considerado como um benfeitor, no entanto é orgulhoso e vaidoso e gosta de ser tratado com muito respeito.

Amor — No destino dos piscianos freqüentemente surge a ameaça de casamento desfeito. Sagitário faz igual promessa a seus nativos, sendo raro o sagitariano que tem apenas uma união ou casamento em sua vida. Há ainda a possibilidade de duas uniões simultâneas, uma legal e outra ilegal. Quando o pisciano se afeiçoar a um nativo do Centauro, de natureza negativa, será quase certo ter o seu matrimônio desfeito. Quando unir sua vida à de um sagitariano positivo e entre ambos existir muito amor e compreensão, essa ameaça estará afastada e poderá esperar um casamento feliz, fecundo e próspero.

Na vida do pisciano, a união com o nativo de Sagitário sempre terá definitiva importância em sua vida social e em sua fortuna; esta influência poderá ser benéfica, dependendo da qualidade moral e da elevação espiritual da criatura escolhida.

Amizade — No setor referente às amizades, as possibilidades oferecidas a sagitarianos e piscianos são ainda mais favoráveis do que para o casamento. O nativo de Sagitário costuma ter um largo círculo de relações e faz amizades com extrema facilidade. É sincero, dedicado, prestativo e embora tenha horror à tristeza, à morte e à dor, estará presente não só nos momentos felizes, mas também nos tristes, por solidariedade a um amigo.

As amizades estabelecidas entre estes dois tipos astrológicos poderão conduzir a uma sociedade que tanto poderá ter finalidades místicas como intelectuais ou artísticas, e que trará resultados surpreendentes no primeiro caso e muito compensadores nos últimos.

Para os piscianos, as melhores amizades serão com sagitarianos nascidos entre 22 e 30 de novembro; este decanato do Centauro tem a regência pura de Júpiter, que se harmoniza bem com Netuno.

Negócios — Ambição, senso prático, e objetividade são qualidades indispensáveis a quem deseja vencer no mundo dos negócios. Tanto os sagitarianos como os piscianos, a despeito de suas brilhantes qualidades intelectuais, não têm estes dons em grande quantidade.

Para obter êxito em qualquer negócio feito com um nativo do Centauro, o pisciano, além de ser enérgico e ambicioso, deverá escolher um sócio que também o seja. Deverá ainda escolher uma atividade favorecida por Peixes e por Sagitário, e também por Netuno e Júpiter, caso contrário, por maiores que sejam os esforços, os resultados serão pouco compensadores.

Com aspectos planetários favoráveis, essas associações poderão trazer esplêndidos resultados para os nativos de Peixes, mas é bom ter em mente que o sagitariano é muito dominador; unindo-se a um tipo menos evoluído, o pisciano será mais um empregado do que um sócio.

PEIXES–CAPRICÓRNIO. O signo de Capricórnio é simbolizado por um estranho animal anfíbio, com corpo de peixe e cabeça caprina. É o signo da *realização* e domina sobre a forma e a estrutura. Seu regente é Saturno, cuja vibração é completamente hostil a Netuno e ao signo de Peixes.

O capricorniano é reservado, individualista, inteligente, perseverante nas ações e inflexível nas determinações. Tem capacidade para planejar e realizar; ele sabe tirar proveito tanto de seus próprios erros e experiências como dos erros e experiências alheias. Quando resolve empreender algo, desdenha tudo aquilo que possa ser obstáculo aos seus planos e só se detém quando consegue atingir o alvo desejado.

As vibrações da Cabra Marinha são muito poderosas, tanto para o bem como para o mal. Os capricornianos superiores poderão ser de muita utilidade para os piscianos, principalmente para aqueles que têm uma personalidade mais instável e que sentem necessidade do apoio de criaturas firmes e bem equilibradas. Em compensação, estes tipos, quando menos evoluídos, trarão grandes prejuízos aos nativos de Peixes; os piscianos são extremamente sensíveis às vibrações cósmicas e os raios negativos de Capricórnio, impregnados de pesada e grosseira irradiação terrestre, terão maléfico efeito sobre a sua saúde.

O capricorniano é pouco emotivo e não revela os próprios sentimentos. Quem necessitar de seu auxílio deverá escolher as palavras e ainda invocar sua boa estrela quando recorrer a ele.

Amor — Aqui o pisciano se defronta com mais um tipo astrológico que traz, como ele, a possibilidade de um matrimônio desfeito ou de uma união bastante infeliz. Naturalmente, quando se unem criaturas superiores, que sabem corrigir seus defeitos, essa possibilidade desaparece, pois qualquer tipo astrológico pode se harmonizar com outro, desde que ambos sejam moral e espiritualmente elevados.

Se quiser viver em boa paz, o pisciano deverá saber compreender a natureza do nativo de Capricórnio. O capricorniano é afetivo e dedicado, mas não costuma revelar seus sentimentos ou demonstrar muito carinho. Como o nativo de Peixes gosta muito de receber os agrados e a aprovação daqueles a quem ama, isto poderá provocar injustificados ressentimentos contra o cônjuge. Os matrimônios mais felizes poderão acontecer quando o pisciano se unir a alguém nascido entre 31 de dezembro e 9 de janeiro.

Amizade — O capricorniano é muito reservado, pouco inclinado à vida social e, embora possa manter um largo círculo de relações, costuma ter poucos amigos. Até mesmo para aqueles que convivem em sua intimidade, ele, com raras exceções, revela suas idéias ou confessa seus problemas, mas sempre é um ouvinte simpático quando alguém vem lhe contar seus projetos ou confidenciar suas preocupações. O pisciano, que sempre procura o conforto e a companhia dos amigos, encontrará valioso apoio no capricorniano, mas deverá fugir dos tipos inferiores, que são traiçoeiros, utilitários e egoístas; assim como abrem compassivamente o ouvido para escutar uma confissão, também sabem utilizar-se dela para conseguir vantagens.

Em suas relações com os nativos da Cabra Marinha, o pisciano se harmonizará mais com os que têm sua data natal entre 31 de dezembro e 9 de janeiro, período que recebe a influência benéfica de Vênus.

Negócios — Saturno, regente de Capricórnio, dá poderosa inteligência aos seus protegidos e lhes confere rara habilidade para lidar com números e para encontrar os melhores meios de ganhar dinheiro. O capricorniano, antes de iniciar qualquer empreendimento, planeja, estuda e só depois de estar certo de que o plano é lucrativo, ele se põe em ação; fazendo sempre investimentos seguros, jamais arriscando seu dinheiro em empresas audaciosas e incertas.

O pisciano, que nem sempre é bom comerciante, poderá aprender muito associando-se a um capricorniano e ouvindo seus bons conselhos; é bom lembrar, porém, que deve ser escolhida uma atividade favorecida pelos signos de ambos. Os piscianos mais beneficiados nos negócios feitos com nativos da Cabra Marinha, são os que têm sua data natal entre 1º e 10 de março, período que tem a influência da Lua, que sabe se defender dos raios saturninos.

PEIXES–AQUÁRIO. O signo de Aquário pertence ao elemento ar, é o trono zodiacal de Urano e recebe fortemente a influência de Saturno, dois planetas que são hostis a Netuno. O Aguadeiro rege a evolução, as transformações sociais, destrói as fronteiras que separam as classes, elimina as diferenças sociais e raciais e alarga, ao infinito, os horizontes espirituais e mentais da criatura humana, obrigando-a a lutar por um ideal superior e a colocar sua inteligência a serviço de seus semelhantes. Dilata, também, as fronteiras materiais pois, dominando sobre as mais avançadas conquistas da ciência e da técnica, arranca o homem da terra e o envia rumo às estrelas, em naves espaciais. Prepara, assim, tanto materialmente como espiritualmente, o terreno para que Peixes possa realizar sua obra, quando for chegado o momento.

O aquariano é rebelde, inconvencional, independente, excêntrico e revolucionário. Exige sua liberdade e, como não pretende dominar ninguém, sempre sabe respeitar a liberdade alheia. Em moral é tão inconvencional quanto em suas demais atitudes e todos os seus atos são realizados às claras, sem subterfúgios ou disfarces. Quando positivo, representa uma poderosa força de evolução, mas quando negativo é frio, cruel e destrutivo, devendo o pisciano evitá-lo se não quiser sofrer danos irreparáveis.

O aquariano não é muito comunicativo, mas sabe ser generoso, e quem necessitar de sua ajuda logo será atendido; o difícil será chegar até ele, pois Aquário torna seus nativos retraídos e pouco sociáveis.

Amor — O aquariano, apesar de não demonstrar exageradamente suas afeições, é muito dedicado e carinhoso. Possui grande firmeza e quando ama jamais atraiçoa ou comete qualquer ato irregular; em compensação, quando não se sente entendido ou quando seu amor não é retribuído, quebra todos os laços e compromissos e se afasta sem maiores explicações.

Unindo-se a um aquariano positivo, o pisciano poderá esperar uma vida feliz, embora um tanto desordenada, pois o nativo de Aquário é excêntrico em todos os seus atos. Nestas uniões, mesmo nas mais felizes, existirá o perigo de que inimigos ocultos, por meio de calúnias e intrigas, tentem destruir a felicidade do pisciano e separá-lo de seu cônjuge.

Os matrimônios mais felizes poderão acontecer se o nativo de Peixes se afeiçoar a alguém nascido entre 9 e 19 de fevereiro; este decanato do Aguadeiro recebe a influência participante de Vênus, que é muito benéfica.

Amizade — É na amizade que residem as promessas de maior harmonia entre os nativos de Peixes e os de Aquário. É bom, porém, que os piscianos saibam que jamais deverão esperar que o aquariano os procure com assiduidade ou cumpra com as normas convencionais da vida em sociedade. Todo aquariano é inimigo de qualquer convenção e tem um temperamento muito estranho; apesar de gentil e sociável em certos momentos, em outros não tem disposição para conversar com quem quer que seja, nem mesmo com seu melhor amigo.

Como já foi dito, a ação dos nativos do Aguadeiro, quando inferiores, é destrutiva e perigosa; o pisciano deverá evitá-lo se não quiser sofrer grandes prejuízos.

Os aquarianos que maiores males poderão causar aos nativos de Peixes são os nascidos entre 21 e 29 de janeiro; este período tem a regência pura de Urano, cujos raios, quando negativos, são extremamente maléficos.

Negócios — Os piscianos, a despeito de sua sensibilidade, sua dedicação e sua desenvolvida inteligência, não são grandes comerciantes. O mesmo acontece com as aquarianos, que a despeito de sua poderosa força mental não são muito hábeis nos negócios, amando mais a obra do que o lucro e raramente obtendo resultados compensadores em seus empreendimentos. Para que as associações comerciais tenham êxito, tanto os piscianos como os aquarianos deverão ser ambiciosos e deixar de lado os escrúpulos que os impedem de lutar pelo dinheiro.

Estes dois nativos têm inteligência eclética e mente plástica, podendo dedicar-se às mais variadas atividades; sempre, porém, que for escolhido um trabalho protegido pelo Aguadeiro e por Peixes o sucesso será mais rápido. Estas associações poderão ser desfeitas por intrigas ou atos traiçoeiros de inimigos ocultos, que procurarão prejudicar o pisciano.

PEIXES–PEIXES. Os nativos do mesmo signo possuem naturezas semelhantes. Seus defeitos e qualidades, naturalmente, são os mesmos, mostrando-se mais suaves ou mais intensos, de acordo com a educação, a elevação e a sensibilidade de cada um. Entre dois tipos evoluídos a harmonia poderá ser muito pronunciada ao passo que, unindo-se tipos desiguais ou inferiores, violentos antagonismos poderão manifestar-se.

Os nativos do mesmo decanato, ou de decanatos governados por planetas afins, têm mais possibilidade de conviver pacificamente. Assim, os piscianos nascidos entre 20 e 28 de fevereiro conviverão bem entre si, terão pronunciada afinidade com seus irmãos de signo nascidos entre 1º e 10 de março, mas não se dando muito bem com os que pertencem aos dez últimos dias de Peixes. Os que têm sua data natal entre 1º e 10 de março, recebendo a influência participante da Lua, conviverão bem entre si, terão afinidade com os nativos dos primeiros dez dias do signo, que estão sob a influência pura de Netuno; terão, porém, menores possibilidades de harmonia no encontro com seus irmãos de signo nascidos entre 11 e 20 de março, decanato que tem a regência participante de Marte. Estes últimos conviverão bem entre si, mas não se harmonizarão muito com os demais nativos de Peixes, pois a influência de Marte desperta a hostilidade de Netuno e da Lua.

O pisciano dificilmente nega um favor. Está disposto a fazer companhia nas horas difíceis do mesmo modo que nos momentos de prazer e quem precisar da sua ajuda só terá que pedi-la.

Amor — O pisciano é capaz da maior dedicação e do maior sacrifício e não sabe viver sem amar ou sem ser amado. A união de tipos superiores de Peixes poderá trazer imensa felicidade e harmonia, tanto física como espiritual; a união entre criaturas inferiores jamais chegará a bom termo e o cônjuge de vontade mais débil será dominado e prejudicado pelo outro.

Os aspectos mais favoráveis, para o casamento, podem acontecer quando piscianos nascidos no mesmo decanato se afeiçoarem. Os que pertencerem aos dez primeiros dias de Peixes, entre 20 e 28 de fevereiro, poderão ser felizes unindo-se a alguém nascido entre 1º e 10 de março, pois estes dois períodos têm vibrações muito harmoniosas. Já os nativos dos últimos dez dias de Peixes, que vão de 11 a 20 de março, tendo a proteção de Marte, que não tem grande afinidade com os decanatos acima, terão melhores possibilidades ao se afeiçoarem a alguém nascido em seu próprio decanato.

Amizade — A amizade entre os piscianos poderá ser muito útil e agradável, cheia de interesse artístico, intelectual ou místico, no caso de se aproximarem pessoas de bom nível cultural; poderá, no entanto, ser uma constante troca de visitinhas, conversas sobre assuntos triviais, troca de confissões ou comentários sobre a vida alheia, quando se unirem a tipos de menor valor intelectual. Se houver identidade espiritual, mental ou material, as amizades entre estes nativos sempre trarão prazer, mesmo quando nada de proveitoso delas resultar.

Os tipos positivos devem evitar os tipos inferiores. Os piscianos negativos, quando pertencerem aos primeiros dez dias do signo, regido exclusivamente por Netuno, poderão se inclinar à bebida ou aos tóxicos. Quando nascidos nos demais dias do mês, além destes vícios, poderão ser, ainda, intrigantes, rancorosos e maliciosos.

Negócios — Existem piscianos positivos, objetivos, enérgicos e ambiciosos. Para estes o sucesso será sempre fácil, seja qual for a atividade a que se dedicarem. Existem, também, certos nativos deste signo que sonham em realizar grandes coisas, mas não têm coragem para pô-las em prática e transformá-las em realidade; a riqueza e a fama jamais estarão ao alcance destes, pois são prêmios que só se deixam agarrar por aqueles que têm força e coragem para lutar.

Quando um pisciano quiser fazer negócio com outro nativo de Peixes, deverá primeiro se certificar se ele é um tipo passivo ou uma criatura dinâmica e ambiciosa. No primeiro caso será preferível realizar o negócio sozinho, pois seu sócio poderá ser laborioso e honesto, mas nunca um companheiro de luta. No segundo caso, poderá fazer seus negócios sem hesitação e com certeza de muito sucesso.

NETUNO, O REGENTE DE PEIXES

Sempre envolto em densas nuvens, girando à tremenda distância de 2796700000 milhas do Sol e tendo um ano cuja duração equivale a quase 164 anos terrestres, Netuno ainda não foi inteiramente investigado por astrônomos ou astrólogos pois ainda não deu uma volta ao redor do Sol desde que foi descoberto e seus efeitos ainda não puderam ser totalmente estudados. Tudo indica, porém, ser ele o planeta que encerra, sublimadas, as elevadas qualidades de Vênus, determinando, pois, fraternidade, amor universal, abnegação, sacrifício, inspiração e messianismo.

Netuno sempre dá a tendência de fugir à realidade e seus protegidos geralmente acreditam em tudo quanto é fantástico ou sobrenatural; quando são educados numa religião que não lhes permita crer em espíritos, na reencarnação ou numa existência extraterrena, crêem piamente em anjos, demônios, céu, inferno, etc. Ele também dá o irreprimível impulso de aperfeiçoar a realidade, seja fazendo o pisciano fechar os olhos às coisas desagradáveis e procurar somente as belas, dando-lhes, ainda, um valor maior do que o natural, seja criando obras de arte ou executando trabalhos onde todos os detalhes são perfeitos e harmoniosos. É, ainda, por sua influência, que o nativo de Peixes procura fugir das coisas feias, tristes ou desagradáveis e se oculta em sua torre de marfim, em seu mundo interior, onde tudo existe de acordo com os seus desejos.

Este planeta também imprime nos seus protegidos a necessidade de colaborar e tratar diretamente com seus semelhantes, às vezes até de maneira exagerada. Por esse motivo, o pisciano pode ser uma criatura volúvel, sempre à procura de assuntos alheios porque os seus não lhe despertam interesse suficiente, sempre envolvidos com parentes, amigos, vizinhos, conhecidos e desconhecidos. Pode ser também um indivíduo abnegado, desinteressado, capaz de realizar os maiores esforços para salvar a vida de um desconhecido ou para minorar a dor até mesmo daqueles que não sejam seus dependentes. Os nativos de Peixes são inclinados a trabalhar em lugares de serviço público, em setores de educação, abrigo ou tratamento, tais como repartições do governo, especialmente sociais e sanitárias, colégios, pensionatos, asilos, orfanatos, creches, casas de saúde, hospitais, manicômios, casas de caridade, etc., onde tanto podem funcionar como dirigentes ou empregados de modesta categoria, médicos, professores e responsáveis como, também, como enfermeiros, assistentes, serventes, empregados de limpeza, cozinheiros, etc.

Tudo o que possa fazer fugir da Terra e da vida comum dos homens é também favorecido por Netuno, que inclina seus protegidos à vida monástica ou às profissões em que eles tenham de estar sozinhos ou em diminuta companhia. Dá-lhes também tendência para procurar tudo quanto é isolado, distante, nebuloso ou inconstante e por essa razão, no signo de Peixes, podem nascer aviadores, astronautas, pára-quedistas, faroleiros, funcionários de postos meteorológicos e demais pessoas que trabalham em lugares altos ou isolados. Podem, também, pertencer a Peixes os escafandristas, mergulhadores, pescadores de pérolas, esponjas, ostras, etc., e demais pessoas que trabalham embaixo d'água.

Netuno excita demasiadamente o sistema nervoso e proporciona intenso psiquismo e extrema sensibilidade. Quando, no céu astrológico natal, ele se encontra em posição favorável e recebe benéficos raios de outros planetas, determina os indivíduos geniais, os artistas excepcionais, os criadores de obras-primas, os pensadores, os teólogos, os humanistas, os missionários, os médicos, os pesquisadores de toda espécie, enfim, todos aqueles que se destacam nas carreiras intelectuais ou científicas e que dão um sentido superior a todos os seus trabalhos. Em oposição, quando ele se encontra em posição desfavorável no momento natal, sua ação sobre a parte psíquica e nervosa é das mais prejudiciais, podendo produzir os maníacos, os loucos, os fanáticos, os alucinados, os neuróticos e as criaturas de mente caótica, que querem fazer tudo e não fazem nada, que são intensamente emotivas, riem e choram com facilidade, mas·também com pouca sinceridade e que são dispersivas, volúveis e oscilantes. Ainda sob a influência deste planeta podem nascer os detetives, os agentes secretos, os espiões e todos os que realizam trabalhos de caráter reservado, os contrabandistas, os receptadores de drogas tais como ópio, morfina, etc., os que negociam obras pornográficas, que devem ser vendidas às ocultas, e todos os que lidam com o comércio do sexo. Ainda aqui, sob as vibrações netunianas, e neste caso também lunares, costumam nascer os melhores cozinheiros do zodíaco, assim como todos os que trabalham, em qualquer serviço, nas casas de hospedagem e alimentação pública, tais como hotéis, bares, restaurantes, etc.

Antes de Netuno, Júpiter ocupava o lugar de regente do signo de Peixes, que possui muitas de suas qualidades. Embora sem a vibrante alegria de viver que existe em Sagitário, trono zodiacal de Júpiter, Peixes também determina generosidade, confiança e bondade e faz com que os piscianos se inclinem para o magistério, para as atividades políticas que têm um programa social, para os estudos das leis e demais trabalhos diretamente relacionados com a segurança e o bem-estar da criatura humana e também dos animais, que são muito amados pelos piscianos. Além de Júpiter, os nativos de Peixes também podem contar com o favor de Vênus e terão sucesso em todas as carreiras por ele dominadas, especialmente as que tratam do conforto, beleza e prazer da mulher, do homem e de seu lar e também qualquer atividade artística. Desse modo, os piscianos podem ser músicos, pintores, atores, costureiros, cabeleireiros, desenhistas de moda, manequins, decoradores, etc.

Os que nascem entre 20 e 28 de fevereiro são os que absorvem mais intensamente as vibrações netunianas, e seu dever é procurar desenvolver e aproveitar todas as extraordinárias qualidades deste planeta. Em todo o signo de Peixes, mas principalmente neste decanato, nascem os apóstolos, os profetas, os grandes médiuns e os grandes hermetistas, principalmente os astrólogos. Aspectos negativos das radiações de todo o signo, especialmente destes dez dias, podem determinar os vagabundos, autores de crimes, traficantes, ébrios, etc.

O poder de Netuno é, pois, extraordinário: tanto pode fazer a criatura descer ao inferno do mal e do vício como conceder-lhe a faculdade de embelezar e sublimar todas as coisas, dotando-a de pureza que teria caso existisse em plano superior àquele do mundo onde vivemos.

Simbolismo das cores

As cores favoráveis a Netuno e propícias a todos os piscianos são o azul, especialmente em tons sombrios, o verde malva e o verde azulado. Cosmicamente, o azul é a cor que representa a Verdade Divina. Na teologia cristã tanto está associada a Jesus Cristo como, ligada ao vermelho, representa também o Espírito Santo. É o símbolo da eternidade divina e da imortalidade do homem e, segundo as antigas tradições, encarna a castidade, a fidelidade e a honra. Esta cor, principalmente quando em tons marinho ou anil profundo, é muito benéfica para todos os nativos de Peixes, mas seu efeito é maior sobre aqueles que nascem entre 20 e 28 de fevereiro, decanato que recebe a influência pura de Netuno.

O verde é uma cor venusiana e é obtido mediante a mescla do azul com o amarelo. Simboliza o amor, a fraternidade, a alegria e a abundância. Enquanto, conforme sabemos, o azul representa a Verdade Divina, o amarelo é a Revelação. É uma cor que facilita o trabalho mental, aprofunda o pensamento, favorece a intuição, restabelece o equilíbrio vital e dinamiza o intelecto. O verde malva, que é um tom seco, e o verde azulado, em que existe predominância do azul, são cores muito propícias para piscianos nascidos nos primeiros dez dias de Peixes e também podem ser utilizadas, com benéficos resultados, por todos os nativos deste signo.

Para os piscianos que nasceram entre 1º e 10 de março, além das cores acima, são favoráveis o pérola, o cinza bem claro e o branco. O branco, que contém em si todos os raios cromáticos, representa a Verdade Absoluta. Mesclado com as outras cores ele as modifica sem alterar sua essência; o azul mais profundo vai se tornando mais claro à medida que o branco vai sendo agregado aos seus pigmentos; o vermelho mais violento pode transformar-se num rosa suave e assim todas as cores vão se espiritualizando ao seu contato. Como este decanato se encontra sob influência lunar e tem vibrações que se harmonizam com as de Netuno, os nativos dos primeiros dez dias de Peixes também podem usar estas cores. O cinza não é muito aconselhável, pois compôs toda mescla do preto com o branco. Enquanto o branco simboliza a Verdade Absoluta, o preto é o Nada. O primeiro é o Amor Divino e o segundo a Paixão mortal. É uma cor depressiva, devendo ser evitada por todos aqueles que têm um sistema nervoso muito sensível. Quando seu uso for adotado, deve ser sempre quebrada com um detalhe num tom mais alegre e não deve ser usada com muita constância.

Marte tem a regência participante dos últimos dez dias de Peixes e os que nascem nesse decanato poderão usar, ainda, o púrpura, o vermelho, o carmesim e o escarlate. As vibrações marciais têm grande poder recuperativo, vital e cicatrizante. A cor vermelha tem comprovado efeito energético e construtivo, exercendo forte influência sobre o corpo físico. Sendo excitante, ela determina coragem, força e audácia e é expressamente recomendada para as pessoas tímidas ou fisicamente débeis. As feridas cicatrizam-se quando expostas à irradiação marcial da cor rubra, a vitamina A fixa-se rapidamente no organismo e as pessoas anêmicas logo se fortalecem quando a usam, pois o vermelho enriquece os glóbulos do sangue.

O vermelho, o carmesim e o escarlate são tons que simbolizam o Fogo, o Espírito e o Amor Divino. Nas roupas sacerdotais, tanto da antiguidade como de hoje, o vermelho aparece com freqüência, juntamente com o púrpura, o violeta e o roxo, que são combinações suas com o azul. Segundo o Êxodo, Deus ordenou a Moisés que fossem azuis, púrpuras e carmesins os estofos usados, juntamente com linho branco, para ornamentar o Tabernáculo e fazer as vestes sacerdotais de Aarão e seus filhos. Os tons de vermelho também representam as vibrações inferiores de Marte e dinamizam negativamente a parte grosseira dos sentimentos e emoções, jamais devendo ser usados em excesso pelos sensíveis piscianos, especialmente os nativos do primeiro decanato de Peixes.

A magia das pedras e dos metais

As pedras favoráveis a Netuno e também a Peixes são a crisólita, a água-marinha, a safira, o topázio e o coral. A safira é uma variedade de coríndon, devendo os piscianos dar preferência à azul, pois a branca não lhes é tão propícia; segundo a tradição, a safira preserva a pureza de quem a usa. O topázio é uma bela pedra de cor amarela e, de acordo com a lenda, faz o seu dono amar e ser amado ardentemente.

A água-marinha é uma variedade de esmeralda, de cor verde-mar, e é altamente benéfica para todos os nativos de Peixes. Segundo a tradição, dá esperança a quem a usa e conserva a juventude. A crisólita é uma belíssima pedra preciosa, cor de ouro, de efeitos altamente favoráveis. O coral é uma secreção calcária de pólipos que vivem em mares tropicais, apresentando-se nas cores branca e vermelha e aquele que o usa obtém a amizade, o carinho e o afeto de todas as pessoas.

Além destas pedras, que podem ser utilizadas por todos os piscianos, as que pertencem à Lua também lhes serão muito favoráveis, especialmente quando tiverem sua data natal entre 1º e 10 de março. A pérola e todos os cristais recebem a vibração lunar e são muito benéficos, especialmente quando nas cores verde e azul. Os que nascem nos últimos dez dias de Peixes poderão, ainda, escolher o rubi como pedra-talismã, sendo porém mais aconselhável qualquer uma das que foram citadas antes.

A platina é o metal de Netuno, devendo os piscianos ter ao menos um adorno feito com ele. A prata e o cobre, metais que pertencem à Lua e a Vênus, respectivamente, também são muito propícios e os nativos de Peixes devem ter algo, feito com um deles, tanto no lar como em seu escritório ou local de trabalho.

A mística das plantas e dos perfumes

Pertencem a Netuno e a Peixes o malvaísco, o poejo aromático, as algas, o musgo, os fungos, ou cogumelos, inofensivos ou venenosos, o salgueiro e todas as solanáceas, família de plantas a que pertencem o fumo, a batata, etc. Também o jacinto, a malva e a violeta, assim como as flores lunares, tais como o lírio, o copo-de-leite e a açucena também podem trazer vibrações muito favoráveis para os piscianos, podendo todas as plantas e flores ser dispostas num vaso, para ornamentação do ambiente, ou plantadas no jardim ou no quintal dos nativos de Peixes.

Os perfumes atuais, preparados com elementos químicos, não trazem nenhum efeito benéfico ou maléfico, podendo ser usados por qualquer tipo astrológico. Contudo, quem quiser aproveitar as elevadas vibrações de Netuno, Peixes e também as irradiações lunares, deverá usar perfumes feitos com a pura essência das flores acima mencionadas. Também trará benéficos resultados a defumação feita com folhas secas dessas flores, mescladas a um pouco de incenso ou mirra; esta defumação, naturalmente, não terá finalidades místicas e sua função será, apenas, a de atrair as vibrações favoráveis aos piscianos, trazendo-lhes paz, alegria e prosperidade.

NETUNO E OS SETE DIAS DA SEMANA

Segunda-Feira

A Lua, regente do signo de Câncer, é quem rege a segunda-feira. Câncer é um signo de água e este dia, portanto, favorece muito a Netuno, pois pertence ao móvel e líquido elemento que é o responsável pelas fantasias, sonhos e crendices e favorece as aparições e as comunicações com os nossos ancestrais. Sendo Câncer um signo de natureza passiva e a Lua também de energia passiva, ou feminina, a segunda-feira é um dia em que todos sentem suas energias diminuídas; como diz o povo, é um "dia de preguiça".

Acontece que este dia domina sobre coisas muito importantes, que nada têm de preguiçosas, relacionando-se com a alimentação e a diversão do povo. Circos, parques de diversões, teatros, cinemas, feiras, mercados, portos de mar, alfândegas, entrepostos de pesca, etc., são locais que estão sob a vibração lunar. Como Netuno tem bastante afinidade com a Lua, os piscianos neste dia poderão tratar tanto dos assuntos dominados por seu signo e planeta como, também, daqueles que estão sob os raios lunares. Para os piscianos nascidos entre 11 e 20 de março este dia é menos favorável, pois eles recebem a influência participante de Marte, que é muito hostil à Lua.

Terça-Feira

A terça-feira está sob o domínio do turbulento e agressivo Marte, cujas irradiações não se harmonizam muito com os raios netunianos. Os piscianos mais favorecidos nas terças-feiras são os que nascem entre 11 e 20 de março, decanato que recebe a influência participante de Marte; mesmo eles, porém, devem agir com cautela nesse dia, no qual as irradiações são sempre muito violentas.

As consultas a médicos, cirurgiões, dentistas, oculistas, etc., devem ser feitas no dia de hoje, pois Marte, além do seu grande poder vital, também age beneficamente sobre todas as coisas ligadas à saúde e ao corpo físico. É, também, dia propício para toda sorte de operações ou intervenções cirúrgicas, assim como para o início de qualquer tratamento de saúde.

Marte rege a indústria, o ferro, o fogo, a mecânica, os ruídos, a violência, a dor, o sangue e a morte. A terça-feira é benéfica para tratar de negócios ligados a hospitais, prisões, fábricas, usinas, matadouros, campos de esporte, ferrovias, indústrias e, também, quartéis e tribunais, pois Marte influencia os militares, os homens de governo, os juízes e os grandes chefes de empresa.

Quarta-Feira

A quarta-feira está sob a regência de Mercúrio e de sua oitava superior, o planeta Urano. Netuno não se harmoniza com nenhum desses dois planetas, o que quer dizer que os piscianos, neste dia, devem tratar apenas dos assuntos favorecidos pelas vibrações uranianas e mercurianas, deixando as atividades próprias de seu planeta e signo para um dia mais favorável.

Mercúrio é o senhor da palavra, escrita ou falada, e protege as comunicações, os documentos, cartas, livros, publicações e papéis e escritos de toda espécie. Protege ainda a arte, especialmente a interpretativa, a mímica e a oratória e domina sobre todas as coisas que necessitam trato direto com o público. Rege, também, a publicidade, os locutores e atores de rádio e televisão e todas as transações comerciais. A quarta-feira também é favorável para fazer ou programar viagens, pois Mercúrio governa todos os meios de locomoção.

Urano é o senhor da eletrônica, do rádio, da televisão e do cinema, em sua parte técnica ou intelectual, e governa a eletricidade, o movimento mecânico, a cibernética, a aeronáutica, a astronáutica, as ondas de rádio e todas as formas de transmissão mental, especialmente a telepatia.

Quinta-Feira

Júpiter, o benevolente deus dos deuses, governa as quintas-feiras, favorecendo tudo quanto diz respeito às relações humanas, desde que não se relacionem com transações comerciais.

Este planeta favorece os noivados, namoros, festas, casamentos, reuniões sociais, comícios políticos, conferências, concertos, etc. Também sob sua regência estão todas as coisas relacionadas com o Poder e o Direito. Pode-se, pois, nas quintas-feiras, tratar de assuntos ligados a juízes e tribunais ou que tenham que depender do governo, do clero ou das classes armadas. Também sob as irradiações de Júpiter estão os professores, os filósofos, os sociólogos, os cientistas, os economistas, os políticos e os grandes chefes de empresa.

Júpiter se harmoniza bem com a Lua e a quinta-feira pode ser muito benéfica para os piscianos que têm sua data natal entre 1º e 10 de março. Os demais nativos de Peixes devem cuidar, no dia de hoje, somente dos problemas ligados a este planeta, deixando os assuntos patrocinados por Netuno para dia mais favorável. A despeito de Júpiter haver sido regente de Peixes e de se harmonizar com este signo, suas vibrações não têm afinidade com as irradiações netunianas.

Sexta-Feira

A regência das sextas-feiras está dividida entre Vênus e Netuno, que é a sua oitava superior. Devido à influência destes dois planetas, este dia possui uma forte vibração que determina sensibilidade, espiritualização e inspiração. Vênus é um planeta mais material do que Netuno, pois enquanto ele está ligado à emoção, ao prazer e à beleza, ele domina sobre a fraternidade humana, o amor universalista e as manifestações psíquicas. A sexta-feira é considerada por muitos como dia de *assombração* porque Netuno, desenvolvendo a visão interior, faz com que as pessoas julguem ver criaturas que pertencem ao plano astral; essas pessoas não estão vendo mas, na realidade, estão *percebendo* essas criaturas, com seus sentidos interiores.

Vênus domina sobre a beleza e a conservação do corpo físico, sendo a sexta-feira propícia para comprar roupas e objetos de adorno, tanto para uso pessoal como para uso doméstico. É também favorável para cuidar dos cabelos, da pele, das unhas e demais detalhes da elegância, feminina ou masculina. É dia benéfico para festas, reuniões, encontros entre amigos, assim como namoros, noivados e casamentos, e todos os presentes dados ou recebidos neste dia sempre são motivo de alegria.

Vênus e Netuno protegem as artes e a sexta-feira é favorável para todas as atividades artísticas, tanto as populares como as eruditas. No dia de hoje devem ser evitados todos os excessos do beber ou dos prazeres amorosos e, principalmente, a companhia de pessoas negativas, depravadas ou inclinadas ao uso de tóxicos, pois os vícios adquiridos neste dia podem adquirir um caráter permanente.

Esses cuidados devem ser maiores por parte daqueles que nascem nos últimos dez dias de Peixes e que recebem as vibrações de Marte, cujos raios inferiores brutalizam e destroem.

Sábado

O frio e constritor Saturno, filho do Céu e da Terra, não se harmoniza com Netuno, o senhor de Peixes, e nem com a Lua e Marte, que participam da regência dos dois últimos decanatos de Peixes. Os piscianos, portanto, no sábado, que é o dia desse planeta, só devem tratar dos assuntos favorecidos por ele, deixando para data mais oportuna os que estiverem sob a regência de Netuno.

A vibração saturnina rege os lugares sombrios ou fechados, tais como cemitérios, minas, poços, escavações e laboratórios, ou os locais de punição, sofrimentos, recolhimentos ou confinação, como penitenciárias, hospitais, claustros, conventos, hospitais de isolamento, etc. A lepra, as feridas e as chagas de toda espécie, a sarna, o eczema e todos os males semelhantes pertencem a Saturno, e o sábado é bom dia para iniciar seu tratamento.

Este planeta também domina sobre a arquitetura sóbria e a construção de edifícios para fins religiosos, punitivos ou de tratamento, como igrejas, claustros, conventos, tribunais, penitenciárias, orfanatos, asilos, casas de saúde, etc. A ele estão ligados, ainda, os estudos profundos, tais como a Matemática, a Astronomia, a Filosofia e, também, as ciências herméticas. Como filho do Céu e da Terra, Saturno é, igualmente, o gerente dos bens materiais ligados à terra, dominando sobre a compra e a venda de casas, terrenos, etc.

Domingo

O domingo pode favorecer os piscianos, com exceção dos que nascem no primeiro decanato de Peixes, pois este dia pertence ao Sol, cujas vibrações se harmonizam bem com as irradiações de Marte e da Lua, mas se hostilizam com os raios netunianos.

O Sol é o planeta da luz, do riso, da fortuna, da beleza, do prazer e sob sua regência está tudo o que é original, formoso, festivo, extravagante, confortável e opulento. No domingo pode-se pedir auxílio ou proteção a pessoas altamente colocadas, solicitar empréstimos ou tratar de qualquer problema financeiro. Pode-se, com êxito, pedir proteção ou emprego a altos elementos da política, do clero ou das finanças. É um dia que inclina à bondade, à generosidade e à fraternidade, sendo, portanto, benéfico para visitas, festas, reuniões sociais, conferências, noivados, namoros e casamentos. Favorece ainda a arte e todas as atividades a ela ligadas, assim como as jóias, pedras preciosas e as antiguidades de alto valor, dominando sobre a compra e a venda desses artigos e a realização de mostras, exposições, concertos musicais, etc.

MITOLOGIA

Peixes

O signo de Peixes é representado por dois peixes que, segundo a lenda, são os delfins que levaram a formosa Anfitrite ao deus Netuno, que a amava ternamente. De acordo com alguns autores, os delfins foram imortalizados no céu por terem salvado a vida de Vênus quando esta fugia, com seu filho Cupido, perseguida pelo feroz gigante Tífon.

A primeira lenda nos conta que Nereu, deus marinho muito antigo, filho do Oceano e de Tétis, casou-se com sua irmã gêmea, Dóris, que lhe deu cinqüenta belíssimas filhas que foram chamadas Nereidas. Netuno, o deus das águas, apaixonou-se por uma delas, Anfitrite. Cortejou-a, mas Anfitrite, temendo a severidade dos deuses e os mistérios existentes nos profundos abismos marinhos, fugiu amedrontada. Refugiou-se nos rochedos próximos ao Monte Atlas, mas lá foi encontrada por dois delfins que a persuadiram a aceitar o amor de Netuno. Anfitrite deixou-se convencer e os dois peixes a levaram para junto do deus marinho que, agradecido, pediu a Júpiter, seu irmão, que os imortalizasse. Júpiter concedeu a graça pedida e colocou os delfins no céu, no signo de Peixes. Netuno e Anfitrite formaram um casal muito feliz e de sua união nasceram não só inúmeras ninfas marinhas como, também, o mais famoso dos divinos seres da água, Tritão.

A outra lenda, que é também a mais difundida, conta que dois delfins salvaram a vida de Vênus e de seu filho, Cupido, quando ambos eram perseguidos pelo gigante Tífon, durante a guerra que Júpiter desencadeou contra os monstruosos gigantes. Vênus está muito associada ao mar, pois nasceu das alvas espumas das ondas, quando estas foram fertilizadas pelo sangue de Urano. Uma concha de madrepérola agasalhou essa espuma, servindo-lhe de abrigo. Foi conduzida pelas águas até a Ilha de Chipre, onde se abriu. Zéfiro, um dos oito Ventos, recebeu Vênus ternamente e entregou-a às Horas, filhas de Júpiter, para que a criassem e educassem.

Vênus teve uma vida movimentada e cheia de aventuras. Foi esposa de Vulcano, o feio e desajeitado deus-ferreiro, que vivia trabalhando na forja com seus medonhos auxiliares, os Ciclopes, e o fogo que acendia para forjar seus trabalhos fazia roncar o interior do Monte Etna, onde estava a sua oficina. A aventura amorosa que Vênus teve com Marte, da qual resultou o nascimento de Cupido, foi a mais ruidosa do Olimpo. Nos encontros furtivos entre ambos, Marte deixava de guarda a Aléctrion, seu favorito, que era, aliás, bastante preguiçoso. Certa vez, Febo, também considerado como Apolo, o Sol, e também apaixonado por Vênus, seguiu os dois amantes até seu esconderijo secreto. Tendo Aléctrion adormecido, Febo pôde espiá-la de perto, e, vendo o que acontecia, foi chamar Vulcano. O marido ultrajado, apanhando os amantes em flagrante, envolveu-os numa rede poderosa e invisível e chamou todos os deuses para que testemunhassem o adultério. Desse amor com Marte, Vênus tornou-se mãe de Cupido, ou Eros, o amor. Percebendo os males que o menino poderia causar, Júpiter pediu a Vênus que se desfizesse dele, mas ela não lhe obedeceu. Como Cupido estivesse condenado a ser sempre criança enquanto não tivesse outro irmão, Vênus teve outro filho com Marte, que foi chamado Ânteros, ou Antiamor, aquele que transforma o amor em ódio.

Além de Cupido, Vênus foi também mãe dos Amores, dos Jogos e dos Risos. De sua paixão por Baco nasceu a divindade chamada Hímen, ou Himeneu. Seu maior amor foi Adônis, um mortal que era mais belo do que qualquer dos deuses. Por ele Vênus fugiu do Olimpo, separou-se de seus companheiros e desdenhou a companhia dos deuses. Enciumado, Marte transformou-se num javali, atacou Adônis e matou-o. Depois de chorar longamente, Vênus transformou o jovem em anêmona, flor de grande beleza e vida efêmera.

Vênus foi muito amada por deuses e homens, pois o prazer e o amor são sempre do agrado dos mortais e dos imortais. Em agradecimento por havê-la salvo das garras cruéis de Tífon, Júpiter imortalizou os dois delfins na constelação de Peixes.

Netuno

Primeiramente existia apenas o Caos. Sozinho ele gerou uma filha, a Noite e um filho, o Érebo, que é também considerado como o próprio Inferno. Do amor de Érebo e de sua irmã, a Noite, ou a Treva, nasceram o Éter e o Dia que depois, ao se unirem, geraram Urano, o Céu e Titéia, a Terra. Estes dois últimos é que são, realmente, os fundadores da complicada e movimentada população do Olimpo, que além de proteger os homens e ajudá-los a solucionar seus problemas também tinham gravíssimos problemas particulares para resolver.

Do casamento de Urano e de Titéia nasceram os Titãs, que eram Titã, o primogênito, e Jápeto, Brontes, Estéropes, Argeu, Coto, Briareu e Giges. Além deles, que eram uma raça à parte, governada por Titã, ela teve mais seis filhas e dois filhos: Réia ou Cibele, Tia Têmis, Mnemósine, Febe, Tétis e Oceano e Saturno.

Saturno era o segundo filho e Titã era o primogênito, mas, tendo resolvido destronar seu pai, Saturno obteve de Titã permissão para ocupar o trono em seu lugar, comprometendo-se porém a não ter descendência masculina para não prejudicar os filhos de Titã se estes um dia resolvessem reinar. Feito este pacto, Oceano, Saturno e Titã atacaram Urano e o subjugaram. Finalmente, humilhado e torturado pela dor do suplício a que Saturno o submeteu, Urano morreu e o seu sangue, ao cair sobre a terra, fertilizou a espuma do mar, dela fazendo nascer a mais formosa de todas as deusas, Vênus. Segundo alguns poetas, do mesmo modo nasceram as Fúrias, ou Erínias, divindades infernais encarregadas de executar as sentenças que os juízes davam aos mortais; de acordo com outros autores, as Fúrias nasceram do sangue de Saturno, quando este foi ferido por Júpiter.

Logo que tomou posse do trono, Saturno casou-se com sua irmã, Réia e, de conformidade com a promessa feita a Titã, passou a devorar todos os filhos que nasciam. Assim, engoliu Vesta, a deusa do fogo, Ceres, a deusa das colheitas, Netuno, Platão e Juno, irmã gêmea de Júpiter. Réia, mediante um ardil, conseguiu salvar Júpiter, dando a Saturno uma pedra enfaixada que ele devorou, julgando ser o filho. Depois de adolescente, Júpiter foi procurar a deusa Métis, a Prudência, que lhe ensinou o que devia fazer para libertar os irmãos e destronar o pai. Seguindo seus conselhos, Júpiter deu uma beberagem a Saturno, que vomitou todos os filhos que engolira. Unindo suas forças às de seus irmãos, Netuno e Plutão, Júpiter lançou-se à guerra contra seu pai, pedindo a ajuda dos Ciclopes, bondosos gigantes, que trabalhavam nas forças do Monte Etna. Os Ciclopes acederam em ajudá-lo, deram-lhe o raio, o relâmpago e o trovão e ofereceram a Plutão seu poderoso capacete e a Netuno o tridente mágico. Assim armados, os três irmãos destronaram Saturno e, depois de torturá-lo cruelmente, expulsaram-no do Olimpo.

Após a vitória, os irmãos dividiram o mundo entre si. Plutão ficou com os Infernos, Júpiter escolheu o Céu e Netuno reservou para si a água, os oceanos, rios, mares, fontes e ribeiras, pertencendo-lhe também todas as ilhas, que ele fazia surgir do mar ou desaparecer sob as águas a um simples golpe do seu tridente. Com calma e serenidade, governava seu mutável império e, do fundo do mar, onde está sua imperial morada, ele conseguia saber tudo quanto sucedia na superfície da Terra e no universo estrelado. Quando os ventos sopravam furiosos, agitando as águas, ele as acalmava com seu tridente, fazendo-as retornar aos leitos primitivos;

desencalhava os navios presos nos recifes, limpava as praias onde os vergalhões gigantescos haviam revolvido as areias e restabelecia a paz entre os homens e os elementos.

A despeito de sua bondade, beleza e colorido, inspirava terror por ocultar terríveis e apavorantes mistérios em seu seio. Assim, ninguém se aproximava muito dele e mulher alguma, mortal ou imortal, queria amá-lo; a muito custo os delfins conseguiram fazer com que a nereida Anfitrite se tornasse sua esposa. Quando se apaixonou por Ceres, teve que se transformar num cavalo para ser amado por ela; mais tarde, ao dar à luz o Cavalo Arión, Ceres ficou tão desesperada que se encerrou numa caverna, jurando de lá não mais sair. Com isso ameaçava a Humanidade de morte pela fome, pois era a deusa das searas e sua ausência tornava a terra estéril. Para ser amado por Medusa, Netuno foi obrigado a transformar-se num pássaro; Medusa, a rainha das Górgonas, era uma criatura de deslumbrante beleza, possuidora de uma cabeleira de excepcional formosura. Netuno raptou-a e levou-a para o templo de Minerva que se ofendeu com isso e, em lugar de castigar Netuno, castigou a bela Medusa, transformando-lhe os cabelos em serpentes furiosas e tornando seus lindos olhos tão maus e impiedosos que transformavam em pedra tudo quanto miravam.

Netuno, juntamente com sua esposa, Anfitrite, possuía inúmeros templos na Grécia. Em Roma também era muito venerado. No circo representavam-se espetáculos em sua honra, chamados Hípios, e todo o mês de fevereiro lhe era consagrado.

ASTRONOMIA

A constelação de Peixes

Juntamente com Câncer e Capricórnio, Peixes é uma das constelações menos evidentes em nosso céu. É muito extensa e uma vasta porção da eclíptica jaz dentro de seus limites, mas suas estrelas têm um brilho muito débil, inclusive seu alfa, Alrescha, que mal se distingue das suas companheiras.

Para quem gosta de Astronomia, a principal atração existente em Peixes é sua vizinhança com a maravilhosa e curiosíssima constelação de Andrômeda, no centro da qual existe uma notável nébula espiral, galáxia mais próxima de nós em todo o universo e, também, o mais distante objeto celeste que pode ser visto a olho nu, sendo que dela estamos separados por uma distância equivalente a 700 000 anos-luz. Para quem aprecia as contas astronômicas, sabendo que a luz caminha cerca de 300 000 quilômetros por segundo e que um ano-luz equivale à distância que ela percorre em um ano, será fácil encontrar os números equivalentes à entontecedora distância que nos separa dessa nebulosa de Andrômeda.

O universo está cheio de coisas inexplicáveis e perturbadoras e em Andrômeda existe uma delas. O nosso Sol corre em direção à constelação da Libra e de Vega, seu alfa, à razão de 12 milhas por segundo. A estrela epsílon de Andrômeda persegue o nosso Sol correndo à razão de 51,5 milhas por segundo vindo ao nosso encontro numa velocidade quatro vezes maior do que aquela em que fugimos em direção a Vega.

Netuno

Mercúrio, Vênus, Terra e Marte são chamados planetas terrestres porque têm densidade elevada e sua massa é quase uma só, ou seja, quase igual à da Terra. Existe, logo após Marte, uma misteriosa zona de ninguém, povoada por asteróides enormes, que se supõem serem fragmentos de um colossal planeta ali existente, que tenha se desintegrado bilhões de anos atrás. Esta zona dos asteróides serve de fronteira para os domínios dos planetas chamados gigantes, que são Júpiter, Saturno, Urano, Netuno e Plutão. Na verdade, Plutão nada tem de gigantesco e comparado com seus vizinhos, é bastante pequeno, tendo quase o tamanho da Terra, enquanto Júpiter, o colosso do nosso sistema, é 1 300 vezes maior do que o nosso planeta. Supõe-se que

Plutão tenha sido, anteriormente, um satélite de Netuno que conseguiu escapar da sua atração, passando a girar livremente; esta libertação de Plutão pode ter se dado inclusive quando o planeta existente na zona dos asteróides se desintegrou, o que deve ter causado uma razoável comoção em nosso sistema solar.

Desde tempos milenares se tem conhecimento da existência de quase todos os planetas do nosso sistema solar, com exceção de três, que foram descobertos em tempos recentes Urano, Netuno, e Plutão. Urano, durante muitos e muitos anos, foi observado pelos astrônomos, mas, em virtude da extrema lentidão de sua marcha, foi tido como uma estrela. No dia 13 de março de 1781, em condições atmosféricas excepcionais, Sir William Herschel focalizou-o em seu telescópio e tomou-o por um cometa. Todavia, no dia 6 de abril, notou que o corpo celeste não podia ser cometa, pois até aquele momento não apresentara cauda ou radiações. Continuou suas observações, então já acompanhado por dezenas de astrônomos curiosos até que, finalmente, quatro meses mais tarde, um desses astrônomos, A. J. Lexell, proclamou que o "cometa" era um satélite do nosso sistema solar, caminhando numa órbita dezenove vezes superior à distância que separa a Terra do Sol, o que equivale a 1 783 700 000 milhas de distância do Sol.

Quanto mais afastados são os planetas mais difíceis são as pesquisas. Urano pôde ser descoberto graças às observações feitas num céu favorável, mas Netuno, que está consideravelmente distante, foi descoberto no *papel* e não no céu, mediante cálculos feitos por matemáticos intrigados com as perturbações na órbita de Urano. Todos os planetas se comportavam de modo semelhante, mas o novo membro do sistema solar demonstrava irregularidades que deixavam os astrônomos preocupados. Hipóteses começaram a ser formuladas e em 1835 F.B.G. Nicolai, diretor do Observatório de Mannheim, na Alemanha, por ocasião das discussões sobre o comportamento do cometa de Halley, lançou a hipótese de que talvez ele fosse influenciado por um planeta ultrauraniano, hipótese esta que também viria solucionar o mistério das irregularidades de Urano.

Em 1843 a Real Sociedade de Ciências de Göttingen, na Alemanha, ofereceu um prêmio de 50 ducados para quem apresentasse um trabalho satisfatório sobre os movimentos de Urano, dando o mês de setembro de 1846 como tempo limite para a entrega das teorias propostas pelos concorrentes ao prêmio. Um estudante do St. John's College, de Cambridge, que se aprontava para receber seu diploma mas já era consumado matemático, nesse mesmo ano se lançou à tarefa e fez cálculos tão exatos que permitiram que os astrônomos tivessem bases sólidas para a busca final. Dias antes dele, porém, o astrônomo V. J. J. Leverrier já havia entregue trabalho semelhante e assim, quando o disco esverdeado de Netuno foi pela primeira vez capturado num telescópio, as honras couberam a Leverrier.

Netuno apresenta uma aura luminosa, o que indica que é envolto em nuvens que refletem poderosamente a luz solar que o atinge, luz que na verdade deve ser bem tênue, pois ele está a 2 796 700 000 milhas de distância do Sol.

Netuno tem dois satélites; o primeiro foi descoberto no dia 10 de outubro de 1846, dezessete dias após a descoberta do próprio planeta, e o nome que lhe foi dado, o de Tritão, foi sugerido pelo famoso astrônomo, escritor e espiritualista Camille Flamarion. Em 1948, Kuiper, que também foi o descobridor do quinto satélite de Urano, descobriu a segunda lua netuniana, que recebeu o nome de Nereida.

ALGUNS PISCIANOS FAMOSOS

Regina Casé — 25 de fevereiro de 1954
Leão Lobo — 1º de março de 1954
Ana Hickmann — 1º de março de 1981
George Washington — 22 de fevereiro de 1732
Georg Friedrich Handel — 23 de fevereiro de 1685
Michelangelo — 6 de março de 1475
Schopenhauer — 22 de fevereiro de 1788
Graham Bell, o inventor do telefone —
3 de março de 1847
Camilo Castelo Branco — 16 de março de 1825
Frédéric-François Chopin — 1º de março de 1810
Rossini — 29 de fevereiro de 1792
Mirabeau — 9 de março de 1749
David Livingstone, explorador — 19 de março de 1913
Longfellow, poeta — 27 de fevereiro de 1807
Ravel — 7 de março de 1875
Cyrano de Bergerac — 6 de março de 1619
Albert Einstein — 14 de março de 1879
Enrico Caruso — 25 de fevereiro de 1873

Smetana, compositor — 2 de março de 1824
Victor Marie Hugo — 26 de fevereiro de 1802
Benedetto Crocce, filósofo — 25 de fevereiro de 1846
William Cody (Buffalo Bill) — 26 de fevereiro de 1846
Baden-Powel, fundador do escotismo —
22 de fevereiro de 1857
Nijinsky, ainda considerado o maior bailarino do mundo — 28 de fevereiro de 1890
Yuri Gagarin, o primeiro astronauta —
9 de março de 1934
Gabriele D'annunzio — 13 de março de 1863